तेनालीराम से सीख
समस्याओं के हल

तेनालीराम

ते — तेजस्वी व्यक्तित्व के स्वामी

ना — नाथ गरीबों के

ली — लीक से हटकर चलनेवाले

रा — राजा-प्रजा के प्रिय

म — मगज तीव्र, हाजिरजवाबी अपूर्व

तेनालीराम से सीखें समस्याओं के हल

रेनू सैनी

विद्या विहार, नई दिल्ली

प्रकाशक : विद्या विहार
19, संत विहार (पहली मंजिल) गली नं. 2, अंसारी रोड, नई दिल्ली–110002
 / संस्करण : 2025 / पेपरबैक मूल्य : तीन सौ रुपए
मुद्रक : आर–टेक ऑफसेट प्रिंटर्स, दिल्ली ISBN 978-81-960864-7-3

TENALIRAM SE SEEKHEN SAMASYAON KE HAL
by Smt. Renu Saini ₹ 300.00 (PB)
Published by **VIDYA VIHAR**
19, Sant Vihar (First Floor), Street No.2, Ansari Road, New Delhi-110002

तेनालीराम जैसे महान् विदूषक

को

समर्पित

जिसने अपने चातुर्य और बुद्धि से पूरे विश्व में

न केवल अपने राजा का सम्मान बढ़ाया,

अपितु अपनी कुशाग्र बुद्धि से देश को भी समृद्ध किया।

आमुख

विज्ञान और कला इस भू पर अत्यंत महत्त्वपूर्ण हैं। जब विज्ञान और कला का अन्वेषण नहीं हुआ था, तब भी ये धरा पर मौजूद थीं, लेकिन एक मोटे आवरण के पीछे। उस मोटे आवरण के पीछे विज्ञान और कला से संबंधित अनेक ऐसे कार्य व खोजें प्रच्छन्न थीं, जिनमें अद्‍भुत सामर्थ्य था मानव जीवन को और अधिक उन्नतशील व जाग्रत् करने का। आम प्रवृत्ति के लोग अपने जीवन को उस रूप में ढालते गए, जैसी परिस्थितियाँ उनके अनुरूप होती रहीं। वहीं कुछ ऐसे व्यक्तित्व थे, जिनमें परिस्थितियों के आगे मुड़ना नहीं, बल्कि परिस्थितियों को मोड़ने की उत्कंठा व्याकुल थी। तेनालीराम भी ऐसे ही महान् व्यक्तित्व में से एक थे। अनेक चुनौतियों ने बार-बार उनके पद व जीवन को संकट में डाला, लेकिन हर बार वे उन चुनौतियों व परिस्थितियों को पछाड़कर, विजयी होकर निकले। उन्होंने अपने जीवन में संघर्ष किया, साथ ही हास्य रस को भी साथ-साथ रखा। हास्य एक ऐसा अमृत है, जो हर व्यक्ति को प्रचुर मात्रा में प्रकृति ने दिया है, लेकिन लोग उसका प्रयोग करने में कंजूसी करते हैं। यदि प्रत्येक व्यक्ति हर समय अपने चेहरे पर तेनालीराम जैसी मुसकान रखे तो फिर बड़ी-से-बड़ी परेशानी भी उसका कुछ नहीं बिगाड़ सकती। चेहरे पर हास्य बरकरार रहे तो तनाव के तंतु व्यक्ति के मस्तिष्क पर असर नहीं डालते।

वर्तमान समय में अनगिनत ऐसे लोग हैं, जो जरा सी असफलता से बुरी तरह परेशान हो जाते हैं। उन्हें लगता है कि अब जीवन की ओर बढ़नेवाले सभी मार्ग समाप्त हो गए, यह सोचकर उन्हीं में से कई अपने जीवन को भी समाप्त कर लेते हैं और प्रश्नचिह्न लगा देते हैं कि क्या अनमोल जीवन इसलिए है कि उसे केवल एक या कुछ नाकामी मिलने पर खत्म कर लिया जाए या इसलिए है कि सबकुछ सही न होने पर भी जिंदादिली से जीने का प्रयास किया जाए और फिर धीरे-धीरे हर स्थिति को अपने अनुसार बना लिया जाए। सुप्रसिद्ध वैज्ञानिक डॉ. विक्रम साराभाई कहते हैं कि "जो भारी शोर के बीच में भी संगीत सुन सकता है, वह मूल्यवान उपलब्धि प्राप्त कर सकता है।" तेनालीराम ऐसे ही थे, वे भयंकर

शोर एवं परेशानी में भी संगीत सुन सकते थे। इसलिए वे कुछ ही समय बाद हर परेशानी का हल भी निकाल लेते थे।

हर व्यक्ति सफलता प्राप्त करना चाहता है, स्वयं को उत्कृष्टता के बिंदु पर देखना चाहता है। मगर उत्कृष्टता के पर्वत पर पहुँचने के लिए एक-एक कदम उत्कृष्ट ही रखना पड़ता है। अगर लापरवाही से कदम बढ़ाया जाए तो फिसलने व गिरने का डर बना रहता है। उत्कृष्टता के शिखर तक पहुँचने के लिए अनिवार्य है कि पीछे छोड़नेवाले हर कदम को सर्वोत्तम बनाया जाए, ताकि वह न केवल दूसरों को मार्ग दिखा सके, बल्कि पीछे निशान भी छोड़ सके। उत्कृष्टता सदैव सकारात्मक परिणाम देती है।

तेनालीराम एक ऐसे व्यक्ति थे, जो हर छोटे-बड़े काम को अपनी बुद्धि के साथ करते थे और कभी भी पीछे नहीं हटते थे। ज्ञान के चक्षु खोलने का कार्य शिक्षा करती है। तेनालीराम शिक्षित थे। उनकी शिक्षा ने भी उनके ज्ञान को बढ़ाया, जिस कारण वे हर कार्य को चतुराई से करके अपने शत्रुओं व प्रतिद्वंद्वियों को पछाड़ते रहे।

तेनालीराम ने अपने जीवन में राजा कृष्णदेव राय के दरबार में प्रतिष्ठा हासिल कर यह साबित कर दिया कि यदि व्यक्ति मेहनती, बुद्धिमान और शिक्षित हो तो वह बड़े-से-बड़े शत्रु को नाकों चने चबवा सकता है, उन्हें धूल चटा सकता है।

तेनालीराम केवल एक थे। उनके जैसा कोई नहीं बन सकता। मगर हाँ, उनकी कहानियों एवं उनके जीवन को जानकर कोई भी स्वयं को शिखर पर ले जा सकता है। यदि एक भी पाठक को इस पुस्तक को पढ़कर लाभ मिला तो पुस्तक का उद्देश्य सार्थक सिद्ध हो जाएगा।

—रेनू सैनी

विषय सूची

1
स्वतंत्रता अनमोल

स्वतंत्रता क्या है ?

- जब तक आप सामाजिक स्वतंत्रता हासिल नहीं कर लेते, कानून आपको जो भी स्वतंत्रता देता है, वह आपके किसी काम की नहीं। —*भगत सिंह*
- जब हम कुछ नया करने का अधिकार खो देते हैं, तब हम स्वतंत्र होने का अपना विशेषाधिकार भी खो देते हैं। —*चार्ल्स एवंस*

स्व+तंत्र, स्व अर्थात् अपना। तंत्र के विभिन्न अर्थ होते हैं, लेकिन यहाँ पर तंत्र से अभिप्राय एक ऐसी व्यवस्था से है, जिसके अनुसार देश, समाज, परिवार एवं स्वयं का नियंत्रण और संचालन किया जाए।

स्वतंत्रता व्यक्ति को उस दशा का बोध कराती है, जिसमें वह अपनी इच्छानुसार कार्य करने के लिए स्वतंत्र होता है। लेकिन हाँ, उसे अपने देश के नियम एवं कानूनों का पालन करना होता है। नियम एवं कानून नागरिकों की सुरक्षा के लिए ही होते हैं।

क्यों है अनमोल ?

जब व्यक्ति पूरी तरह स्वतंत्र होता है, तब उसे स्वतंत्रता की महत्ता ज्ञात नहीं होती, क्योंकि उसे यह मालूम ही नहीं होता कि परतंत्रता अर्थात् दूसरे के नियंत्रण में रहना क्या होता है ? हमारे पूर्वज, जो अंग्रेजों के समय उनके अनगिनत अत्याचारों के शिकार रहे थे, वे इस बात से भली-भाँति परिचित थे कि स्वतंत्रता की हवा की लहर कैसी होती है ? स्वतंत्रता की श्वास कैसी होती है ? स्वतंत्र श्वास में एक सुकून होता है और परतंत्र श्वास भय के सागर में भीगी हुई उस बाती के समान होती है,

जो जलना चाहती है, लेकिन अपनी मर्जी से कभी जलकर प्रकाश नहीं कर सकती। स्वतंत्रता हर बहती समीर के साथ एक मधुर और भीना अहसास कराती है, स्वतंत्रता से महत्त्वपूर्ण पूरी दुनिया में कुछ नहीं है।

किस जीव को कैद नहीं किया जा सकता

क्या आपने कभी सोचा है कि पृथ्वी में ऐसा कौन सा प्राणी है, जिसे बंधन में नहीं बाँधा जा सकता, अर्थात् उसे पिंजरे में कैद करना नामुमकिन है? सोचिए—दिमाग लगाइए। क्या ध्यान आया? खोजने पर अनेक ऐसे जीव सामने आ जाएँगे, लेकिन दो जीव ऐसे हैं, जो लोगों के बीच न केवल बेहद लोकप्रिय हैं, अपितु सामान्य जीवन में भी प्रतिदिन देखने को मिलते हैं।

चींटी और मच्छर

चींटी—चींटी और मच्छर दो ऐसे प्राणी हैं, जिन्हें कैद नहीं किया जा सकता। इन्हें परतंत्रता के बंधन में बाँधना मुश्किल है। ये जीव परतंत्र होने के बजाय अपने प्राण त्यागना उचित समझते हैं। नन्ही सी चींटी हर प्राणी को अपने छोटे अस्तित्व से यह अहसास कराती है कि बेशक वह आकार में छोटी है, लेकिन इसी आकार के कारण वह परतंत्रता और जंजीर के बंधन में नहीं बँध सकती। चींटी न केवल स्वतंत्र प्राणी है, अपितु अत्यंत मेहनती प्राणी भी है। वह दिन-रात अपने आकार की परवाह किए बिना श्रम में लगी रहती है। चींटियों की एकता भी मनुष्यों के लिए चिंतन का विषय है। आप सब यह तो नहीं सोच रहे कि भला चींटियों से इनसानों का क्या मुकाबला? चींटी तो मात्र कुछ देर के लिए ही पृथ्वी पर आती है और फिर किसी के भी पैरों के नीचे आकर कुचल जाती है। मगर सभी चींटियाँ पैरों के नीचे कुचलकर नहीं मरतीं। इतना ही नहीं, चींटी और मनुष्य में एक बात बहुत ही समान है।

मनुष्य और चींटियों की समान बात : इनसान और चींटियाँ दोनों ही प्रजातियाँ भोजन एकत्र करती हैं।

मच्छर—मच्छर पृथ्वी पर एक हानिकारक कीट के रूप में विख्यात है, क्योंकि यह विभिन्न प्रकार के रोगों के जीवाणुओं को वहन करता है। यह नालों, गड्ढों, रुके हुए पानी, जल के निकट अँधेरी और नम जगह पर पाया जाता है। आपको यह जानकर आश्चर्य होगा कि इतिहास में युद्ध में मारे गए सैनिकों से अधिक मच्छरों के काटने से मरनेवाले व्यक्तियों की संख्या है। इसी से यह अनुमान हो जाता है कि नन्हा सा मच्छर कितना हानिकारक है। इसकी आयु अधिक नहीं होती। एक नर मच्छर 10 दिन और मादा मच्छर 40–50 दिन जीवित रहती है। कई मच्छरों का आकार इतना छोटा होता है कि उन्हें किसी पिंजरे में कैद नहीं किया जा सकता। मच्छरों की अनेक प्रजातियाँ होती हैं। इन्हें स्वतंत्रता बेहद प्रिय होती है। या तो यह स्वतंत्र होना पसंद करता है या फिर मृत्यु को गले लगाना। इस दृष्टि से इस बात को समझा जा सकता है कि स्वतंत्रता मच्छर के लिए अनमोल है।

राजा कृष्णदेव राय-तेनालीराम

प्रत्येक व्यक्ति इस बात से भली-भाँति भिज्ञ है कि तेनालीराम बेहद प्रखर, चतुर, चपल, हाजिरजवाब एवं बुद्धिमान व्यक्ति थे। उनका जन्म आंध्र प्रदेश के गुंटूर जिले के तेनाली शहर के पास तुमुलुरू ग्राम में हुआ था। ये राजा कृष्णदेव राय के अष्टदिग्गजों में से एक थे। राजा कृष्णदेव राय विजयनगर साम्राज्य के सर्वाधिक कीर्तिमान एवं यशस्वी राजा थे। उनका राज्यकाल 1509–1529 ई. तक था। राजा कृष्णदेव राय के शासनकाल से इस बात को सहजता से समझा जा सकता है कि भारत में विद्वान्, गुणीजन, हाजिरजवाब, बुद्धिमान व्यक्तियों की कमी नहीं थी। बीरबल, गोपाल भांड ने भी अपने समय में अपनी चतुराई का लोहा मनवाया था।

तेनालीराम जब से राजा कृष्णदेव राय के दरबार की शोभा बने, तभी से वे उनके प्रिय बन गए। उनके जीवन में तेनालीराम का स्थान कोई नहीं ले सका और आज भी शायद कोई नहीं ले सकता। अपनी हाजिरजवाबी एवं बुद्धिमत्ता से वे केवल आम व्यक्तियों को ही नहीं, अपितु महाराज कृष्णदेव राय को भी चारों खाने चित्त कर देते थे। प्रत्येक व्यक्ति एवं स्वयं महाराज कृष्णदेव राय सदैव उनकी राय के समक्ष अपने हथियार डाल देते थे।

तेनालीराम ने किसे जीवन में सबसे अनमोल कहा

"मुझे नहीं रहना शाही मेहमानखाने में। मुझे एक आम व्यक्ति की तरह अपनी मर्जी से घूमना-फिरना है। राजसी आदेश का हर सुख मुझे बंधन लगता है। व्यंजन देखकर ही मुझे अब उबकाई आती है। राजसी पलंग की ओर देखने का मन नहीं करता, जमीन पर सोने का मन करता है, मेरा हर वह करने का मन करता है, जो दिल चाहता है, न कि वह जो शाही आदेश के अनुसार मेरे साथ किया जाता है।"

एक पुर्तगाली यात्री डोमिंगो पेसे अकसर भारतयात्रा पर आता था। वह जब भी आता तो विजयनगर की समृद्धि और शानो-शौकत देखकर चकित रह जाता। राजा कृष्णदेव राय के दरबारियों, विशेषकर तेनीलाराम से वह बेहद प्रभावित था। इसलिए वह जब भी आता टेढ़े-मेढ़े सवाल अवश्य करता। एक बार वह राजा के दरबार में आया और बोला, "महाराज, मुझे तो आज यह जानना है कि इस दुनिया में सबसे अनमोल क्या है?"

पुर्तगाली यात्री का प्रश्न सुनते ही राजा ने अपने दरबारियों की ओर देखा।

राजगुरु तथाचार्य बोले, "हमारा राजमहल विश्व की सबसे अद्‌भुत और महत्त्वपूर्ण चीज है।" अष्टदिग्गज नंदी थिमम्मा बोले, "हमारे राज्य के अनेक मंदिर, जैसे तिरुपति, विरूपाक्ष, कोडनडरम, विट्‌ठल मंदिर अद्‌भुत हैं।"

दूसरे अष्टदिग्गज अल्लासनी पेद्दना बोले, "मेरे विचार में तो विश्व की सबसे अनमोल वस्तु हमारा शाही खजाना है।"

तीसरे अष्टदिग्गज धूर्जटि बोले, "मुझे तो लगता है कि इस विश्व में सबसे अनमोल वस्तु भोजन है। भोजन के बिना व्यक्ति का जीवित रहना असंभव है।"

इस प्रकार अष्टदिग्गजों के साथ-साथ सभी दरबारी अपनी-अपनी राय प्रकट करते रहे। यात्री डोमिंगो को किसी का जवाब भी पसंद नहीं आया। यह देखकर

महाराज कृष्णदेव राय ने तेनालीराम की ओर देखा। महाराज का संकेत पाकर तेनालीराम मुसकराकर अपने स्थान से खड़े हुए और बोले, "इस बात के जवाब के लिए आप मुझे कुछ दिन का समय दीजिए, मैं इस बात को आपको शब्दों के रूप में न कहकर यथार्थ में अनुभव कराना चाहता हूँ। आखिर आप इतनी दूर से यह जवाब जानने आए हैं तो जवाब आपको संतुष्टिपूर्ण ही मिलना चाहिए।" डोमिंगो तेनालीराम की बात पर सहमत हो गया। तेनालीराम डोमिंगो से बोले, "आप हमारे मेहमान हैं। जब तक आपको जवाब नहीं मिल जाता, मेरा आपसे अनुरोध है कि आप शाही मेहमानखाने में रहें।" शाही मेहमानखाने में डोमिंगो की खूब आवभगत हुई। उसे समय-समय पर बढ़िया-बढ़िया पकवान, शाही पलंग एवं मखमली वस्त्र दिए जाते रहे। चार-पाँच दिनों तक डोमिंगो को अपनी आवभगत कराते हुए बेहद आनंद की अनुभूति हुई। छठे दिन वह शाही मेहमानखाने से बाहर जाने लगा तो सैनिकों ने उसे रोक दिया और अंदर जाने को कहा। यह देखकर डोमिंगो ने सोचा कि शायद महाराज ने उसकी सुरक्षा हेतु ऐसे आदेश दिए हों। वह उस दिन अंदर चला गया। अगले दिन वह फिर बाहर जाने के लिए निकला, लेकिन उसे मेहमानखाने से बाहर निकलते ही फिर अंदर जाने के आदेश दिए गए। ऐसा चार दिनों तक चलता रहा। पाँचवें दिन डोमिंगो खीजकर बोला, "मुझे नहीं रहना शाही मेहमानखाने में। मुझे एक आम व्यक्ति की तरह अपनी मर्जी से घूमना-फिरना है। राजसी आदेश का हर सुख मुझे बंधन लगता है। व्यंजन देखकर ही मुझे अब उबकाई आती है। राजसी पलंग की ओर देखने का मन नहीं करता, जमीन पर सोने का मन करता है, मेरा हर वह करने का मन करता है, जो दिल चाहता है, न कि वह जो शाही आदेश के अनुसार मेरे साथ किया जाता है।" तभी तेनालीराम मुसकराते हुए डोमिंगो के पास आकर बोले, "मुझे लगता है कि अब आपको पता चल गया कि विश्व में सबसे अनमोल क्या है?" यह सुनकर डोमिंगो हैरानी से बोला, "अरे, मुझे कैसे पता चलेगा? अभी तो तुमने कुछ भी नहीं कहा।" तेनालीराम मंद-मंद मुसकराकर बोले, "जो आप अनुभव कर चुके हैं, उसे अब भी शब्दों में कहने की आवश्यकता रह जाती है क्या?" तेनालीराम की अबूझ पहेलियों से डोमिंगो दिमाग लगाता रहा कि उसने क्या अनुभव किया। जब डोमिंगो को समझ नहीं आया तो तेनालीराम बोले, "विश्व में स्वतंत्रता सबसे अनमोल है। आपने देखा मात्र दस-पंद्रह दिनों में महल के सुख भी आपको बंधन लगने लगे, क्योंकि उनके कारण आपकी निजता और स्वतंत्रता दोनों ही छिन गई थी।" तेनालीराम के जवाब पर डोमिंगो दंग रह गया और बोला,

"हाँ, तेनाली, बिल्कुल सही कहते हो। मुझे तो ये सारे राजसी सुख वैभव काँटे की तरह चुभने लगे थे और मेरा मन स्वतंत्रतापूर्वक मार्ग में विचरण करने को बुरी तरह छटपटा रहा था। मैं पथरीली जमीन को छूना चाहता था, नीले आसमान को निहारना चाहता था, अपनी मर्जी से घूमते हुए कुछ भी करना चाहता था, लेकिन यहाँ मुझे ऐसा कोई भी अवसर नहीं मिला। वाकई तेनाली, तुम्हारा जवाब नहीं।" यह सुनकर तेनाली ने राजा कृष्णदेव राय की आँखों में आँखें डालकर देखा तो पाया कि महाराज कृष्णदेव की आँखों में तेनालीराम के लिए गर्व के भाव थे।

तेनाली-पाठ

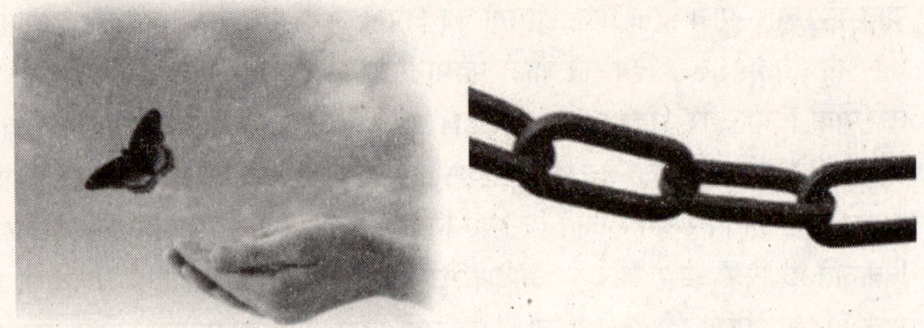

उड़ान, मुक्ति, आजादी *बंधन, गुलामी*

स्वतंत्रता न केवल व्यक्ति के लिए, अपितु संपूर्ण प्राणी जगत् के लिए अनमोल है। बंधन और गुलामी किसी को स्वीकार्य नहीं होते। स्वतंत्रता का अनुचित लाभ उठाना भी विनाश की ओर ले जाता है। स्वतंत्रता मर्यादा, नियम और सीमाओं में बँधी होनी चाहिए। अगर स्वतंत्रता के लिए नियम अनिवार्य न हो तो हर ओर अराजकता फैल जाए। इसलिए हर देश, राज्य, समाज और परिवार में नियम एवं कानून होते हैं। समय एवं शासनकाल के अनुसार नियम और कानून परिवर्तित होते रहने चाहिए, तभी देश विकास की ओर बढ़ता है और अपने पंखों को फैलाकर आसमान की असीम उड़ान भरता है।

□

2

रचनात्मकता से सुलझती समस्या

रचनात्मकता क्या है?

- जीवन के सभी पहलुओं के बारे में जिज्ञासा, मेरे अनुसार, महान् रचनात्मक लोगों का रहस्य है। *—लियो बर्नेट*
- रचनात्मकता की शर्तें हैं, समस्याओं का सामना करना, ध्यान लगाना, विरोधाभास को स्वीकार करना, हर दिन नया जन्म लेना, खुद को महसूस करना। *—एरिक फ्रॉम*

आपको क्या लगता है? रचनात्मकता कहाँ-कहाँ होती है? सोचिए और अपने मस्तिष्क का प्रयोग कीजिए। रचनात्मकता केवल रचना का सृजन करना, आविष्कार करना, चित्रकला करना, संगीत के सुर बनाना, मूर्ति निर्माण करना ही नहीं है, बल्कि रचनात्मकता तो प्रकृति के कण-कण में बसी है। खेत-खलिहानों में मुसकराती-लहलहाती फसलें, खाद, पशु-पक्षियों के नीड़-कंदराएँ, पुष्प व फल, जीव-जंतु हर जगह रचनात्मकता बसती है। रचनात्मक हुए बिना एक व्यक्ति सफलता तो क्या, अपने जीवन का एक दिन भी ढंग से नहीं जी सकता। अब आप खुद ही सोच लीजिए कि कुछ लोगों को अपना जीवन अर्थहीन और भार क्यों लगता है? क्योंकि वे अपने अंदर रचनात्मकता को नहीं बसाते, उसके अनुसार नहीं चलते। वे तो बस सदियों से चली आ रही लीक पर चलते रहते हैं। कुछ नया रचने का सोचते ही नहीं। रचनात्मकता उस आत्मा की तरह है, जिसको अपने अंदर बसाए बिना आप जीवन के आनंद से ताउम्र वंचित रहते हैं। सीधे शब्दों में किसी भी कार्य से अत्यधिक प्रेम करना रचनात्मकता है, क्योंकि किसी भी कार्य के प्रति अटूट लगाव जिज्ञासा को जन्म देता है और जिज्ञासा

रचनात्मकता की जननी है। प्रेम भी रचनात्मक है। जब प्रेम के अंकुर व्यक्ति के अंदर पल्लवित होने लगते हैं तो एक रचनात्मकता के साथ अनेक रचनात्मक चीजों का सृजन हृदय के अंदर होने लगता है। पृथ्वी के अंदर बीजों का संचरण विटप, कुसुम, फल, औषधियों को निर्मित करता है। ये रचनात्मक हैं। इन्हीं रचनात्मक कार्यों के कारण पूरी दुनिया में जीवन फलता-फूलता है और अनेक ऐसी रचनात्मकताओं को जन्म देता है, जो कीर्तिमान बनाती हैं। न जाने सदियों से पृथ्वी पर कितने ही मनुष्यों का आगमन हुआ, लेकिन उनमें से कुछ ही लोगों ने अपनी पहचान बनाई और सदा के लिए अमर हो गए। अमर वही व्यक्ति होता है, जो रचनात्मक होकर कार्य करता है। तेनालीराम भी ऐसे ही व्यक्तियों में से एक थे, जिन्होंने अपने जीवनकाल में न केवल रचनात्मक जीवन जिया, अपितु अवसर पड़ने पर हर बार रोचक रचनात्मक कार्य कर सबको प्रभावित किया। लीक से हटकर, चलकर ही नया मार्ग ढूँढ़ा जाता है और नई रचनात्मकता का जन्म होता है।

रचनात्मकता कैसे उत्पन्न की जाए

तेनालीराम विकटकवि को अगर आप ध्यान से पढ़ेंगे तो पाएँगे कि यह शब्द उल्टा-सीधा एक समान है और इसे दोनों ओर से पढ़ने पर 'विकटकवि' ही पढ़ा जाएगा। लेखन कार्य बिना रचनात्मकता के असंभव है। तेनालीराम बचपन से ही रचनात्मक और जुझारू प्रवृत्ति के थे। वे आंध्र प्रदेश के तेलुगु कवि के नाम से भी विख्यात हैं। राजा कृष्णदेव राय के राजगुरु तथाचार्य और उनके शिष्य धनाचार्य एवं मनीचार्य तेनालीराम से ईर्ष्या करते थे, इसलिए वे उन्हें संकट में फँसाने के लिए सदैव तत्पर रहते थे। लेकिन चतुर तेनालीराम अपनी रचनात्मकता के बल पर हर संकट से बाहर निकल आते थे।

तेनालीराम अपने व्यक्तित्व एवं कार्यों से यह बताते हैं कि रचनात्मकता का सृजन प्रत्येक व्यक्ति अपने अंदर उत्पन्न कर सकता है, यदि वह निम्नलिखित कार्यों को करे—

- समस्याओं का सामना करे
- एकाग्रता से चिंतन करे
- बिना घबराए सहजता से जवाब खोजे
- निडर होकर कार्य करे

मेरी लोउ कुक कहते हैं—"रचनात्मकता नई खोज करना है, नया प्रयोग करना है, रिस्क लेना है, नियमों को तोड़ना है, गलतियाँ करना है और मजा करना है।"

तेनालीराम पर उपरोक्त उक्ति बिल्कुल फिट बैठती है। वे कार्य करते समय रिस्क लेते थे, नियम तोड़ते थे और आनंद भी उठाते थे, मगर हाँ, वे अपनी बुद्धिमत्ता से ऐसे नियम तोड़ते थे, जो किसी निर्दोष व्यक्ति को हानि नहीं पहुँचाते थे। यही कारण था कि स्वयं राजा कृष्णदेव राय तेनालीराम के सामने हर बार हथियार डाल देते थे और उन्हें मुसकराकर माफ कर देना उनके जीवन में शामिल था।

तेनालीराम ने रचनात्मकता से ईर्ष्यालु दरबारियों को सबक सिखाया

एक बार दरबार में चतुरता पर बात हो रही थी। महाराज कृष्णदेव राय तेनालीराम की चतुराई और रचनात्मकता की प्रशंसा करते हुए बोले, "कुछ भी है, लेकिन तेनालीराम का जवाब नहीं। वह हर समस्या के हल को रचनात्मक तरीके से ढूँढ़ निकालता है और अपने शत्रुओं को चारों खाने चित्त कर देता है।" यह बात राजगुरु तथाचार्य के साथ ही अनेक दरबारियों को पसंद नहीं आई। तभी एक सैनिक दरबार में आया और बोला, "महाराज, विजयनगर में अचानक से चोरियाँ होने लगी हैं। चोरी की वारदातें लाख प्रयासों के बाद भी बढ़ती ही जा रही हैं। लोगों से बातचीत करने पर चोर का नाम तो ज्ञात हो गया है, लेकिन उसके आतंक से सभी भयभीत हैं। लोगों का कहना है कि उसे शत्रु राज्य का समर्थन प्राप्त है। वह बहुत ही खूँखार प्रवृत्ति का है और इतनी कुशलता से चोरियाँ करता है कि कोई उसका बाल भी बाँका नहीं कर पाता। अब तो हालत यह हो गई है कि लोग शेर खान का नाम सुनते ही थर-थर काँपने लगे हैं।" यह सुनकर राजगुरु एवं दरबारियों की बाँछें खिल गईं। इस संकट में तेनालीराम को धकेलने का अच्छा अवसर मिल गया। राजगुरु तपाक से बोले, "यह लीजिए महाराज, अब देखते हैं कि इस समस्या को सुलझाने के लिए तेनालीराम कैसी रचनात्मकता दिखाकर इसे हल

"वह पिद्दी भला मेरा क्या बिगाड़ पाएगा? मैं तो अकेला ही उसके लिए काफी हूँ।" वह अपने घोड़े पर सवार होकर तेनालीराम को सबक सिखाने के लिए चल पड़ा। मार्ग में उसने देखा कि चार लोग आपस में 'हीरा-हीरा' कहकर लड़ रहे हैं। जब शेर खान उनके सामने से गुजरा तो भी उन लोगों ने उस पर ध्यान नहीं दिया और यह कहकर लड़ते रहे कि वह हीरा मेरा है, वह हीरा मेरा है।

शेर खान ने जब देखा कि चारों उसे देखकर बिल्कुल नहीं डर रहे हैं तो वह कुछ सशंकित हुआ और बोला, "आखिर माजरा क्या है? जो तुम लोग शेर खान को देखकर नहीं काँपे।" पहला व्यक्ति बोला, "अजी हमारे पास आज कुछ है नहीं, जो आप हमें लूट लो। हम तो खुद ही छोटे-मोटे चोर हैं।" दूसरा बोला, "तेनालीराम को महाराज ने एक नायाब बेशकीमती हीरा दिया है। हम आपस में कल्पना कर रहे थे कि वह बेशकीमती हीरा हमने चोरी कर लिया।"

करते हैं?" तुरंत तेनालीराम को बुलाकर इस समस्या से अवगत कराया गया। तेनालीराम राजगुरु एवं दरबारियों के चेहरे की व्यंग्य भरी हँसी देखकर समझ गए कि वे उन्हें जाल में फँसाने की उल्टी-सीधी तरकीबें भिड़ा चुके हैं। महाराज की बात सुनकर तेनालीराम बोले, "महाराज निश्चिंत रहिए, कुछ समय बाद चोर शेर खान की परछाईं भी विजयनगर में प्रवेश करते हुए डरेगी।" शेर खान तक जब यह बात पहुँची कि दुबला-पतला तेनालीराम उसे पकड़ने का प्रण ले चुका है तो वह हँसते हुए बोला, "वह पिद्दी भला मेरा क्या बिगाड़ पाएगा? मैं तो अकेला ही उसके लिए काफी हूँ।" वह अपने घोड़े पर सवार होकर तेनालीराम को सबक सिखाने के लिए चल पड़ा। मार्ग में उसने देखा कि चार लोग आपस में 'हीरा-हीरा' कहकर लड़ रहे हैं। जब शेर खान उनके सामने से गुजरा तो भी उन लोगों ने उस पर ध्यान नहीं दिया और यह कहकर लड़ते रहे कि वह हीरा मेरा है, वह हीरा मेरा है। शेर खान ने जब देखा कि चारों उसे देखकर बिल्कुल नहीं डर रहे हैं तो वह कुछ सशंकित हुआ और बोला, "आखिर माजरा क्या है? जो तुम लोग शेर खान को देखकर नहीं काँपे।" पहला व्यक्ति बोला, "अजी हमारे पास आज कुछ है नहीं, जो आप हमें लूट लो। हम तो खुद ही छोटे-मोटे चोर हैं।"

दूसरा बोला, "तेनालीराम को महाराज ने एक नायाब बेशकीमती हीरा दिया है। हम आपस में कल्पना कर रहे थे कि वह बेशकीमती हीरा हमने चोरी कर लिया।"

तीसरा बोला, "पहला वाला कल्पना करके कह रहा था कि हीरा मेरा है, मेरा है। मैं भी कहने लगा कि अरे नहीं, वह हीरा तो मेरा है।"

चौथा बोला, "उस हीरे की दमकती रोशनी ने मेरा सुख-चैन छीन लिया है।"

शेर खान उनकी बातें सुनकर मन-ही-मन बोला, 'कैसे मूर्ख चोर हैं विजयनगर के। खैर, मुझे क्या?' इसके बाद वह जैसे ही चलने को हुआ तो पहला चोर बोला,

"हमें मालूम है, यह बात सुनकर आप हीरा चोरी करने तेनाली के यहाँ अवश्य जाएँगे, लेकिन तेनाली पर माँ काली की कृपा है। एक अकेला व्यक्ति उसे काबू में नहीं कर सकता। उसे काबू में करने के लिए चार-पाँच व्यक्तियों का होना जरूरी है।" यह सुनकर शेर खान स्वयं से बोला, 'इनको साथ ले जाने में कोई नुकसान नहीं है। ये मेरी सहायता ही करेंगे। जब मैं इनके साथ मिलकर तेनालीराम को मारकर हीरा ले लूँगा तो फिर इन चारों पागल चोरों को मूर्ख बनाकर हीरा लेकर चंपत हो जाऊँगा। इस तरह एक पंथ दो काज हो जाएँगे। तेनालीराम भी मर जाएगा और हीरा भी मिल जाएगा।'

शेर खान उनकी बातें सुनकर मन-ही-मन बोला, 'कैसे मूर्ख चोर हैं विजयनगर के। खैर, मुझे क्या?' इसके बाद वह जैसे ही चलने को हुआ तो पहला चोर बोला, "हमें मालूम है, यह बात सुनकर आप हीरा चोरी करने तेनाली के यहाँ अवश्य जाएँगे, लेकिन तेनाली पर माँ काली की कृपा है। एक अकेला व्यक्ति उसे काबू में नहीं कर सकता। उसे काबू में करने के लिए चार-पाँच व्यक्तियों का होना जरूरी है।"

यह सोचकर शेर खान उन चारों चोरों के साथ तेनालीराम के घर जा पहुँचा।

□

कुछ ही देर में तेनालीराम मुसकराते हुए शेर खान को बंदी बनाकर दरबार में लेकर आए तो सभी दंग रह गए।

राजा कृष्णदेव राय बोले, "अरे तेनाली! तुमने तो बहुत जल्दी इस चोर को पकड़ लिया।"

तेनाली मुसकराते हुए बोला, "महाराज, शेर खान को हीरों से पागलपन की हद तक प्रेम है, जैसे ही मुझे इस बात का पता लगा, वैसे ही मैंने इसे रंगे हाथों पकड़ लिया और अपने ही आदमियों को चार चोर बनाकर खड़ा कर दिया, ताकि यह उनकी बात सुनकर लालच में आकर मेरे घर तक आ जाए। बस फिर क्या था, शिकारी खुद शिकार हो गया। जैसे ही यह मेरे घर पहुँचा। मेरे चोर बने आदमी मेरे साथ मिल गए और हम सबने मिलकर इसे बंदी बना लिया।" तेनाली की बात सुनकर राजा साहब बोले, "वाकई तेनाली, तुम्हारी रचनात्मकता का जवाब नहीं।" राजगुरु एवं दरबारी मुँह लटकाकर बैठे रह गए और तेनालीराम राजा से इनाम पाकर मुसकराते हुए दरबार से बाहर निकल आए।

रचनात्मकता को बढ़ाने के उपाय

रचनात्मकता की जड़ें परिवेश में उत्पन्न होती हैं। यदि आस-पास का परिवेश शिक्षित, सराहनीय, प्रगतिशील हो तो बचपन से ही रचनात्मकता के बीज व्यक्ति के अंदर अंकुरित होने आरंभ हो जाते हैं, जो समय के साथ-साथ विकसित होकर मीठे फल देते हैं। लेकिन यदि आपके आसपास का परिवेश रचनात्मक नहीं है तो भी आपको निराश होने की आवश्यकता नहीं है, क्योंकि यह पुस्तक आपके हाथों में है। इस पुस्तक के माध्यम से आप जान जाएँगे कि रचनात्मकता को अपने अंदर कैसे बढ़ाएँ? रचनात्मकता बढ़ाने के लिए आप निम्न उपाय करें—

प्रयोगधर्मी बनें—तेनालीराम ने सदैव लीक को तोड़ा, इसलिए वे बेहद रचनात्मक थे। वे सदैव नई-नई जानकारियों को जानने को उत्सुक रहते थे। हर कठिन कार्य को अपनी सूझ-बूझ से सरल कर देते थे। आप अपनी रचनात्मकता बढ़ाने के लिए नई-नई पुस्तकें पढ़ें। जो कार्य आपको नहीं आते, कभी-कभी उनको करने का प्रयास करें। अपनी रुचि के लिए अवश्य समय निकालें।

परंपराओं एवं रूढ़िवादिता को तोड़ें—परंपराओं एवं रुढ़ियों को अकसर संस्कारों का नाम दे दिया जाता है। संस्कार वे होते हैं, जो समाज के लिए कल्याणकारी होते हैं और रूढ़ियाँ एवं परंपराएँ वे होती हैं, जिन्हें समय के अनुसार तोड़ना ही श्रेयस्कर होता है। बाल विवाह, परदा प्रथा, दहेज प्रथा, जाति प्रथा आदि परंपराएँ सड़ी-गली मान्यताओं की पैरवी करती हैं। अगर ये आज भी समाज में बनी रहतीं तो अनेक महिलाएँ रचनात्मक बनकर, देश की स्तंभ बनकर सामने नहीं आतीं। आज अनेक वैज्ञानिक महिलाओं ने देश का सिर गर्व से ऊँचा किया है। पुणे की विषाणु वैज्ञानिक मीनल दाखवे ने कोरोना महामारी की जाँच के लिए ऐसी किट तैयार की है, जो केवल ढाई घंटे में ही परिणाम बता देती है। विदेशी किट से कोरोना की जाँच करने में नौ से दस घंटे लगते हैं और लागत भी अधिक आती है। मीनल ने अपनी रचनात्मकता को उभारा और कोरोना के लिए स्वदेशी किट बनाकर देश का नाम ऊँचा कर दिया।

नए विचारों का स्वागत करें—विचार कहीं से भी मिल सकता है। अपने आँख और कान खुले रखें तथा नए-नए विचारों को जान-समझकर अपने ज्ञान को बढ़ाते रहें। जब ज्ञान बढ़ता है तो रचनात्मकता भी बढ़ती जाती है।

तेनाली पाठ

रचनात्मक प्रवृत्ति ही ज्ञान-विज्ञान को आगे बढ़ाती है। प्रत्येक व्यक्ति को सदैव रचनात्मक होना चाहिए। अपनी रचनात्मकता बढ़ाने के लिए अच्छी पुस्तकें पढ़नी चाहिए, सकारात्मक लोगों के साथ रहना चाहिए और निडर होकर समस्याओं का सामना करना चाहिए। समस्याएँ सदैव रचनात्मक प्रवृत्ति को जाग्रत् करती हैं। वे व्यक्ति के मस्तिष्क को कुंद तब करती हैं, जब वह समस्याओं के सामने हार मान लेता है। जो व्यक्ति समस्याओं के आगे डटकर खड़े हो जाते हैं, वे न केवल नए मार्ग निर्मित कर लेते हैं, अपितु समस्याओं को भी अवसर बनाकर आगे बढ़ते जाते हैं। समस्याओं का हँसकर सामना करनेवाले विपरीत धारा को अपने बहाव के अनुरूप मोड़ देते हैं और फिर हँसते हुए जीवन का आनंद लेते हैं।

□

3

संकट एक, मार्ग अनेक

संकट क्या है ?

- कई बार मुश्किल अनुभव होने पर भी कोशिश जारी रखिए, कोशिश करते हुए आप या तो जीतते हैं या सीखते हैं। *—रिचर्ड ब्रेनसन*
- शांति की शुरुआत मुसकराने से होती है। *—मदर टेरेसा*

संकट को अंग्रेजी में क्राइसिस कहते हैं। हिंदी में अनेक शब्द संकट के लिए प्रचलित हैं, जैसे समस्या, परेशानी, बाधा, तनाव आदि। ऐसा माना जाता है कि 'संकट' एक यूनानी भाषा से आया है, जिसका शाब्दिक अर्थ 'निर्णायकता या निर्णय का बिंदु' होता है। संकट से घबराना मानव का स्वभाव है, क्योंकि शब्दकोश में इनका अर्थ इस प्रकार से दिया गया है, जिसे जानकर व्यक्ति भयभीत हो जाता है। लेकिन वास्तव में ऐसा नहीं है, संकट बाधा, समस्या और परेशानी नहीं, बल्कि एक स्थिति है। इस स्थिति को आप किस प्रकार हल करते हैं, यह पूर्णतः आप पर निर्भर करता है। कुछ लोग स्थिति को सकारात्मक तरह से हल करते हैं और संकट की परिभाषा बदलकर उसे अवसर तथा सफलता में परिणत कर देते हैं; वहीं कुछ लोग संकट के सामने हथियार डालकर इसके आगे समर्पण कर देते हैं। अफसोसजनक बात यह है कि अधिकांश लोग संकट का सामना करने से डरते हैं और यह आशा करते हैं कि उनके जीवन में कभी संकट आए ही नहीं। लेकिन ऐसा नहीं हो सकता, संकटों को तो आना ही है, क्योंकि इन्हीं संकटों के बीच में से आपको अपना एक नव अर्थ निकालना होता है। जो यह समझ जाते हैं, बस वही जीत जाते हैं और विभिन्न व अद्‍भुत कीर्तिमान स्थापित करके अमर हो जाते हैं। तेनालीराम भी ऐसे ही व्यक्ति थे, जिनके जीवन में दिन में एक

बार नहीं, बल्कि बार-बार कई संकट आते थे, लेकिन वे उन संकटों का सामना मुसकराकर करते थे और बच निकलते थे।

संकट के मार्ग कितने?

सड़क

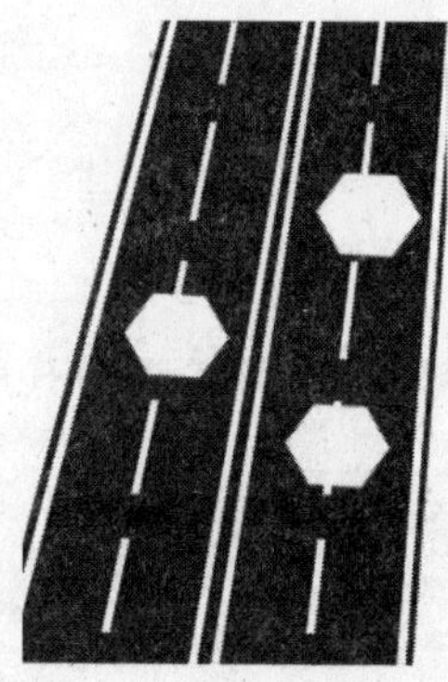

संकट

आप सभी अपने-अपने घरों में रहते हैं। बड़े-बड़े घरों में अनेक दरवाजे होते हैं। हर व्यक्ति की अपनी एक विशेष पसंद होती है। किसी को घर के ड्राइंग-रूम का दरवाजा पसंद होता है तो किसी को स्टडी-रूम का। इसी तरह आप प्रतिदिन अपने कार्यालय, स्कूल अथवा कॉलेज जाने के लिए घर से निकलते हैं, उसके भी कई मार्ग होते हैं। आप पर्यटन-स्थलों पर घूमने जाते हैं, वहाँ पहुँचने के भी कई रास्ते होते हैं। आप वहाँ तक पहुँचने के लिए कोई मार्ग चुनते हैं तो अन्य पर्यटक दूसरे। सड़क तक पहुँचने के भी कई रास्ते होते हैं। इसी तरह संकट कुछ और नहीं, केवल आपको लक्ष्य तक पहुँचानेवाला चौराहा होता है। यह आप पर निर्भर करता है कि आप अपने लिए संकट के समय कौन सी राह चुनते हैं। सड़क पर चलते समय आप बेहद ध्यान से चलते हैं और उसी मार्ग का चुनाव करते हैं, जो साफ-सुथरा हो, जहाँ पर कीचड़, गंदगी न हो और जो आपको भली-भाँति सुरक्षित घर तक पहुँचा दे। फिर संकट के समय आप ऐसा मार्ग चुनने से क्यों चूक जाते हैं? सोचिए और आज से ही संकट आने पर ऐसे मार्ग निर्धारित कीजिए, जो आपके संकटों को जीत में बदल दें। आप आगे ऐसे अनेक समाधान पाएँगे, जिनके माध्यम से आप अपने संकटों के मार्ग को होशियारी से चुनकर आगे बढ़ेंगे और मुसकराते हुए जीत हासिल करेंगे।

संकट के समय मार्ग चतुराई से खोजें

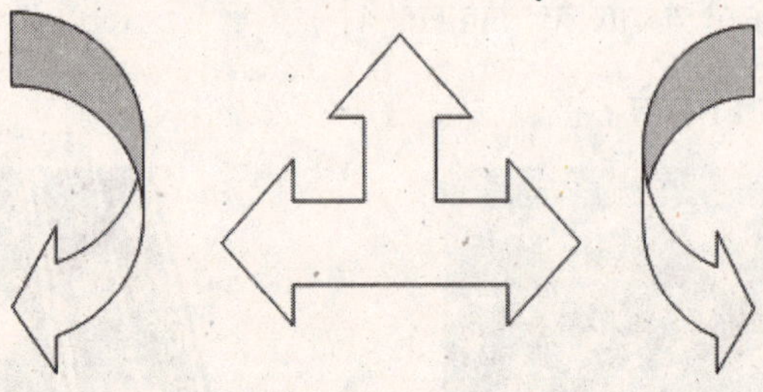

तेनालीराम ने संकटों पर कैसे पाई विजय ?

> *तेनालीराम की चोटी काटने के लिए आगे बढ़ा, वैसे ही तेनालीराम अपनी चोटी पकड़ते हुए बोले, "महाराज, मैंने अपनी चोटी पर दस हजार मुद्राएँ उधार ली हुई हैं। इसलिए इस चोटी पर मेरा अधिकार नहीं है।" महाराज बोले, "ठीक है, दस हजार मुद्राएँ तुम्हें राजकोष से दी जाती हैं, ताकि तुम उधार चुका सको, लेकिन चोटी तो तुम्हारी कटकर ही रहेगी।" अब तो सब दरबारियों के चेहरे पर तेनालीराम को नीचा दिखाने की मुसकराहट थी।*

तेनालीराम के जीवन में अनेक संकट आते थे। प्रजा जहाँ उन्हें पसंद करती थी, वहीं उनके शत्रुओं की भी कमी न थी। वे नितदिन उनके लिए संकटों के पहाड़ खड़े कर देते थे, लेकिन तेनालीराम चतुराई से संकट के हर पहाड़ से मार्ग बनाकर बाहर आ जाते थे।

तेनालीराम को शतरंज का खेल बिल्कुल पसंद नहीं था। इसके विपरीत महाराज कृष्णदेव राय न केवल शतरंज के एक बेहतरीन खिलाड़ी थे, बल्कि वे प्रतिदिन किसी ऐसे व्यक्ति की तलाश में रहते थे, जिसके साथ शतरंज का खेल खेलकर आनंद उठाएँ। कई दिनों तक महाराज को अपने मुकाबले का शतरंज का कोई खिलाड़ी नहीं मिला। एक दिन राजगुरु बोले, "महाराज, क्या हुआ, आपने शतरंज खेलनी छोड़ दी क्या?" यह सुनते ही महाराज निराश होकर बोले, "अरे, छोड़ी कहाँ, लेकिन क्या करें, इस पूरे राज्य में शतरंज का कोई ऐसा माहिर खिलाड़ी नहीं है, जिसके साथ खेलने में आनंद आए।" यह सुनकर राजगुरु तपाक से बोले, "अरे महाराज! चिराग तले अँधेरा। आप तेनालीराम को बिल्कुल भूल गए। उनसे चतुर इस शहर में तो क्या, पूरी दुनिया में ढूँढ़ने से न मिलेगा। शतरंज चतुरों का खेल है। आप तेनाली के साथ यह खेल खेलिए।" महाराज बोले, "जानते हैं, तेनाली बहुत चतुर है। लेकिन वह शतरंज के मामले में बिल्कुल

अनाड़ी है। उसने हमें कहा है कि उसे यह खेल बिल्कुल पसंद नहीं।" इस पर एक दरबारी बोला, "महाराज, तेनालीराम विदूषक हैं। वे आपके साथ जान-बूझकर यह खेल नहीं खेलते, क्योंकि फिर उनका काफी समय इस खेल में लगेगा और वे हम जैसे दरबारियों को सबक नहीं सिखा पाएँगे।" दरबारी की बात पर महाराज बोले, "ऐसा है तो शतरंज के मोहरे लगाए जाएँ, तेनालीराम के आते ही हम आज शतरंज खेलेंगे।" तेनालीराम जैसे ही राजदरबार में आए, वैसे ही उन्हें महाराज के साथ शतरंज खेलने का आदेश मिला। तेनालीराम समझ गए कि राजगुरु और दरबारियों ने मिलकर उनके सामने एक नया संकट उत्पन्न कर दिया है। वे महाराज के साथ शतरंज खेलने बैठ गए। कुछ ही देर में शतरंज पर हाथी, घोड़े, राजा, रानी घूमते रहे और तेनालीराम बाजी हार गए। यह देखकर दरबारियों की बाँछें खिल गईं। फिर एक और बाजी लगी, यहाँ भी तेनालीराम हार गए। आखिर वे जीतते भी कैसे? जब उन्हें खेल के नियम ही ज्ञात न थे। महाराज को लगातार तेनालीराम को हारते देख गुस्सा आ गया तो वे बोले, "अगर तुम तीसरी बार भी हार गए तो नाई को बुलाकर तुम्हारी चोटी कटवा देंगे।" मगर तेनालीराम तीसरी बार भी हार गए। बस फिर क्या था, तुरंत नाई को बुलाया गया। जैसे ही वह तेनालीराम की चोटी काटने के लिए आगे बढ़ा, वैसे ही तेनालीराम अपनी चोटी पकड़ते हुए बोले, "महाराज, मैंने अपनी चोटी पर दस हजार मुद्राएँ उधार ली हुई हैं। इसलिए इस चोटी पर मेरा अधिकार नहीं है।" महाराज बोले, "ठीक है, दस हजार मुद्राएँ तुम्हें राजकोष से दी जाती हैं, ताकि तुम उधार चुका सको, लेकिन चोटी तो तुम्हारी कटकर ही रहेगी।" अब तो सब दरबारियों के चेहरे पर तेनालीराम को नीचा दिखाने की मुसकराहट थी। तुरंत दस हजार स्वर्ण मुद्राएँ तेनालीराम को दी गईं और चोटी कटवाने के लिए कहा गया। जैसे ही नाई उनकी चोटी काटने के लिए आगे बढ़ा, वैसे ही तेनालीराम ने जोर-जोर से ऐसे मंत्रों का जाप करना आरंभ कर दिया, जो माता-पिता की मृत्यु की क्रिया पर किए जाते हैं। यह देखकर महाराज बोले, "तेनाली! ये कैसा अपशकुनी जाप कर रहे हो।" तेनाली बोले, "महाराज, आज की तिथि में मेरे माता और पिता आप ही हैं। हमारे यहाँ मुंडन और चोटी तब काटी जाती है, जब माता-पिता का स्वर्गवास हो जाता है, आपका कुछ अहित न हो, इसलिए मैं इन मंत्रों का जाप कर रहा था।" यह सुनते ही महाराज घबराकर बोले, "हम तो अभी जीवित हैं।"

"जी महाराज, पर आपने मेरी चोटी काटने का आदेश दिया न और आपका आदेश मेरे सिर-आँखों पर।"

महाराज सकपकाकर बोले, "मैं अपना आदेश वापस लेता हूँ।" यह सुनते ही सारे दरबारियों के मुँह लटक गए और तेनालीराम संकट के बीच में से मार्ग बनाते हुए स्वर्ण मुद्राएँ लेकर अपने घर की ओर चल पड़े।

तेनालीराम की तरह संकटों से कैसे जीतें

प्रत्येक व्यक्ति तेनालीराम की तरह संकटों के बीच में से अपने लिए उचित मार्ग निकाल सकता है और सकुशल लौट सकता है। उसके लिए आपको अपने व्यक्तित्व में निम्न गुणों को उत्पन्न करना होगा—

अपनी बुद्धि को पैना करते रहें—तेनालीराम हर संकट पर विजय इसलिए प्राप्त कर लेते थे, क्योंकि वे अत्यंत कुशाग्र बुद्धि थे। बुद्धि को तेज करने का सबसे सरल उपाय अपने ज्ञान को बढ़ाना है। अधकचरा ज्ञान नहीं बल्कि पूर्ण ज्ञान। यह ज्ञान आपको पुस्तकों, समाचार-पत्रों, यूट्यूब आदि से मिल सकता है। अपने ज्ञान को बढ़ाते रहें, बुद्धि स्वयं पैनी होती चली जाएगी।

शैडो-बॉक्सिंग का अभ्यास करें—शैडो-बॉक्सिंग शब्द को लोकप्रिय बनानेवाले अमेरिका के प्रसिद्ध मुक्केबाज जेम्स जॉन जिम कॉर्बेट थे। उन्होंने अपने उल्टे मुक्के से बॉस्टन के ताकतवर मुक्केबाज जॉन एल सुलिवन के होश उड़ा दिए थे। यह सब वह शैडो-बॉक्सिंग के कारण कर पाए थे। शैडो-बॉक्सिंग अर्थात् दर्पण के सामने खड़े होकर अभ्यास करना। जेम्स जॉन जिम कॉर्बेट ने दर्पण के सामने खड़े होकर अपनी खुद की छवि पर उल्टा मुक्का मारने का दस हजार से अधिक बार अभ्यास किया था, इसलिए उन्हें हराना मुश्किल हो गया था। शैडो-बॉक्सिंग की प्रक्रिया एक ऐसी क्रिया है, जिसे कोई भी कहीं भी कर सकता है और इसके माध्यम से खुद को शारीरिक एवं मानसिक रूप से मजबूत बना सकता है। तेनालीराम इतने चतुर थे कि वे शैडो-बॉक्सिंग के माध्यम से हर व्यक्ति के अंदर चल रही बात को अपने ऊपर लागू करके जान जाते थे और अधिकतर यह बात सटीक साबित होती थी।

आत्मविश्वास को बढ़ाएँ—तेनालीराम आत्मविश्वास के धनी थे। वे संकट आने पर घबराते नहीं थे, बल्कि आत्मविश्वास के कारण उसके सामने डटकर खड़े हो जाते थे। इसलिए संकट स्वयं ही उनके लिए श्रेष्ठ मार्ग की राह बना देता था। आत्मविश्वास के बल पर आप भी संकट के समय अपने लिए उत्तम मार्ग बना सकते हैं और हर विपरीत परिस्थिति को अपने अनुकूल कर सकते हैं।

तेनाली पाठ

संकट की स्थिति परेशानी नहीं, बल्कि एक ऐसा निर्णायक बिंदु होती है, जो व्यक्ति के सही कदम से उसके जीवन को बदल सकती है। यह बदलना सकारात्मक और नकारात्मक, दोनों हो सकता है। वे व्यक्ति जो संकट को परेशानी समझते हैं, घबराकर डिप्रेशन में उसके आगे समर्पण कर देते हैं, वे मिट जाते हैं। वहीं आत्मविश्वास के धनी, मेहनती, शिक्षित, दृढ़ संकल्प वाले व्यक्ति संकट को एक चौमार्गी सड़क समझते हैं। उनमें से एक मार्ग ऐसे व्यक्तियों के लिए धन-यश और कामयाबी के असीम अवसर लिये खड़ा होता है। वे व्यक्ति जो संकट के समय अपने लिए सही मार्ग चुन लेते हैं, संकट को अवसर में बदल देते हैं और इतिहास के पन्नों पर स्वर्णाक्षर में अमिट हो जाते हैं—तेनालीराम की तरह।

□

4

तेनालीराम के 'क्यों', 'कैसे' और 'क्या'

क्यों

- यदि आप संतुष्टि के साथ सोने जाना चाहते हैं तो आपको हर सुबह संकल्प के साथ उठना चाहिए। —*जॉर्ज लॉरीमर*
- हम सबमें ऐसी ताकत है, जो हमें आगे बढ़ने के लिए प्रोत्साहित कर सकती है या हमारे पंख काटकर आगे बढ़ने के रास्ते बंद भी कर सकती है। ये हम पर निर्भर करता है कि हम कौन सी ताकत अपनाते हैं। —*प्लेटो*

"क्यों," जैसा कि स्पष्ट है—यह सदैव प्रश्न करने के लिए ही किया जाता है।

"आप लेखक क्यों बनना चाहते हैं?"

"आपने मार्ग कठिन होने पर भी उसी मार्ग से जाने का चुनाव क्यों किया?"

"वह प्रसिद्ध कंपनी इतनी सफल क्यों है?

"ऐशनी हर जगह सफलता क्यों प्राप्त करती है?"

इसी तरह के अनेक प्रश्न हमारे सामने रोज आते हैं। कुछ प्रश्न हम करते हैं तो कई प्रश्न हम से भी किए जाते हैं। आप यह जानना चाहेंगे कि जीवन में सफल कौन होता है?

"जीवन में सफल वह व्यक्ति होता है, जो अपने 'क्यों' का जवाब पूर्ण ईमानदारी के साथ स्पष्टता से देता है।" यदि एक व्यक्ति के मन-मस्तिष्क में यह बात भली-भाँति फिट है कि वह अपने जीवन में किसी काम को क्यों कर रहा है तो उसे कभी कोई पराजित नहीं कर सकता। 'क्योंकि' उसके पास अपने 'क्यों' का उचित जवाब है।

कहीं आप ऐसा तो नहीं सोच रहे कि भला तेनालीराम के जीवन में 'क्यों', 'कैसे' और 'क्या' का क्या महत्त्व था? वे तो महाराज कृष्णदेव के राजदरबार में अच्छे-भले प्रज्ञापुरुष थे। अगर आपके मन में हल्के से भी ऐसे प्रश्न घूम रहे हैं तो यह पाठ आपके लिए ही है। तेनालीराम अत्यंत कुशाग्र बुद्धि और शिक्षित थे। उन्होंने अपने जीवन में कभी भी 'क्यों', 'कैसे' और 'क्या' के बिना कोई काम नहीं किया। हर समस्या का समाधान उन्होंने 'क्यों' के माध्यम से ही किया। तेनालीराम हर बार महाराज से सबके सामने प्रशंसा पाते थे। प्रशंसा और प्रोत्साहन प्रत्येक व्यक्ति को अच्छा लगता है, लेकिन इसका वास्तविक आनंद तब प्राप्त होता है, जब इसे मेहनत और संघर्ष से पाया जाता है। जो लोग बिना मेहनत के प्रोत्साहन और प्रशंसा पाना चाहते हैं, वे मेहनती लोगों के मार्ग में कंटकों की पंक्ति तैयार करते जाते हैं, ताकि वे काँटों के बीच में उलझकर गिर पड़ें। इन्हीं काँटों को समझदारी से हटाकर जो व्यक्ति अपने लक्ष्य को पा लेते हैं, वे अपने शानदार 'क्यों' को निर्मित कर चुके होते हैं।

'क्यों' परीक्षण

आपने अपने जीवन में कितने परीक्षण देखे और समझे हैं। 'न्यूक्लियर परीक्षण', 'चिकित्सीय परीक्षण', 'बुद्धि परीक्षण', 'बहुविविध परीक्षण', 'अल्ट्रासोनिक परीक्षण' आदि। परीक्षण संवेदनशीलता, स्मरणशक्ति, बुद्धि, रुझान, व्यक्तित्व, वस्तु की शुद्धि आदि मापने की मानक प्रक्रिया है। क्या आपने अपने जीवन में कभी अपने लिए 'क्यों' परीक्षण किया है? यदि किया है तो आपको बधाई, क्योंकि आप जीवन में हर कठिन परिस्थिति को जीतकर अपनी मनचाही वस्तु प्राप्त कर सकते हैं। यदि नहीं किया है तो अभी से करना प्रारंभ कर दीजिए। आप अपने 'क्यों' की जाँच निम्नलिखित प्रश्नों के आधार पर कर सकते हैं—

- क्या आप महत्त्वपूर्ण स्थानों पर जाते समय आलस करते हैं?
- क्या आपको छोटे-मोटे काम करने से चिढ़ होती है और क्या आपसे छोटे-से-छोटे काम करवाने के लिए खुशामद करनी पड़ती है?
- क्या आप अपनी नौकरी को कामचलाऊ तरीके से करते हैं और कभी भी उसमें रचनात्मकता का परिचय नहीं देते?
- क्या आप अपने आस-पास के लोगों से हर वस्तु, प्राणी, सरकार, सेलिब्रिटी के बारे में केवल नकारात्मक प्रक्रिया जाहिर करते हैं?

- क्या जब आपके मित्र और संबंधी कोई नया एवं सकारात्मक सुझाव देते हैं तो उनसे आपको बहुत चिढ़ होने लगती है और ऐसा प्रतीत होता है कि उनका उसी समय गला दबा दें या धक्के मारकर निकाल दें ?
- क्या आप एक काम शुरू करके उसे पूरा किए बिना ही दूसरा काम आरंभ कर देते हैं ?
- क्या आप यह समझते हैं कि आप कोई गलती नहीं कर सकते ?
- क्या आप खुद को सुधारने के लिए आसानी से तैयार नहीं होते ?

यदि उपरोक्त प्रश्नों के आपके अधिकतर जवाब 'हाँ' में हैं तो यह स्पष्ट है कि आपके जीवन में आपका 'क्यों' इतना शक्तिशाली नहीं है। 'क्यों' बेहद शक्तिशाली तत्त्व है। यह आपके अंदर असीम चेतना और ऊर्जा जाग्रत् कर सकता है। क्योंकि शक्तिशाली उत्पत्ति बाधाएँ और विपरीत परिस्थितियाँ होने पर भी एक ऐसे पुल का निर्माण कर देती है, जिस पर चढ़कर व्यक्ति बाधाओं और समस्याओं को रौंदता चला जाता है और एक नया इतिहास बनाता है।

'क्यों ? क्यों मैं होटल का काम नहीं कर सकता।' बस उसी समय उसके अंदर 'क्यों' इतना बलवती हो उठा कि वह उसी क्षण वहाँ से चला गया। बालक ने मन में ठान लिया कि जिस होटल मालिक ने उसे कहा है कि वह कभी होटल का काम नहीं सँभाल सकता, अब इसी काम को न केवल सँभालकर दिखाना है, बल्कि कुछ अद्भुत भी करना है।

एक किशोर गरीबी और परेशानियों से तंग आ चुका था। कम उम्र से ही उसने कमाना आरंभ कर दिया। 15 साल की उम्र में वह ब्रिग शहर के एक होटल में वेटर था। गाँव के उस लड़के से अकसर गलतियाँ हो जाती थीं। इस पर होटल का मालिक उसे बहुत डाँटता था। एक दिन एक ग्राहक का ऑर्डर पूरा करने में देर होने पर होटल मालिक आग बबूला हो गया और उसे डाँटते हुए बोला, "मैं तुम्हें अभी नौकरी से निकालता हूँ। तुम जीवन में कुछ नहीं कर सकते और होटल का काम तो तुम जैसा नाकारा लड़का कभी नहीं कर सकता। जाओ, सड़कों पर भीख माँगकर अपना गुजारा करो। तुम जैसे लोगों का खुला आसमान ही ठिकाना है।" होटल मालिक की इतनी कड़ी डाँट सुनकर वह किशोर दहल उठा। उसके मन में तुरंत यह बात उठी कि 'क्यों ? क्यों मैं होटल का काम नहीं कर सकता।' बस उसी समय उसके अंदर 'क्यों' इतना बलवती हो उठा कि वह उसी क्षण वहाँ से चला गया। बालक ने मन में ठान लिया कि जिस होटल मालिक ने उसे कहा है कि वह

कभी होटल का काम नहीं सँभाल सकता, अब इसी काम को न केवल सँभालकर दिखाना है, बल्कि कुछ अद्भुत भी करना है। इसके बाद शुरू हुआ मेहनत और संघर्ष का सफर। अनेक होटलों में उसने काम की बारीकियाँ सीखीं। अपने काम से उसे तरक्की-दर-तरक्की मिलती गई और वह मैनेजर बन गया। प्रत्येक ग्राहक उसकी मुसकान और अंदाज से बेहद प्रभावित होता। किशोर ने उस दौर के सबसे अच्छे शेफ अगस्ते स्कोफेयर को अपना दोस्त बना लिया। इसके बाद तो उसका जगह-जगह होटल खोलने का कामयाब सिलसिला चल पड़ा। अब तक उसे एक पहचान मिल चुकी थी और लोग उसे 'सेजार रित्ज' के नाम से जानने लगे थे। जिस सेजार रित्ज को एक होटल मालिक ने दुत्कार दिया था, उसी सेजार के समूह के पास आज दुनिया के 30 देशों में 100 से ज्यादा होटल और लगभग 28 हजार कमरे हैं। होटलों की दुनिया में उसे, 'होटल वालों का राजा और राजाओं का होटल वाला' कहा जाता है।

इस तरह सेजार रित्ज ने ठोकर खाकर अपने अंदर 'क्यों' को जगाया और फिर उनके क्यों ने दुनिया को हिलाकर रख दिया।

अपने 'क्यों' को कब जाग्रत् करें

आपके अंदर यह बात अवश्य उठ रही होगी कि आखिर अपने अंदर के क्यों को जाग्रत् करने का सबसे सही समय कब होता है? आखिर कब आपको सर्वश्रेष्ठ बनने की जरूरत होती है? अभी, इसी समय। जी हाँ, अपने क्यों को जगाने का सबसे सही समय यही है। देर करने से क्यों की लहर धीमी पड़ जाती है और व्यक्ति फिर से अपनी घिसी-पिटी दिनचर्या पर चलने लगता है। 'क्यों' व्यक्ति के अंदर अनेक अच्छी आदतों को निर्मित कर देता है और उसके व्यक्तित्व में अद्भुत सुधार आ जाता है। तेनालीराम ने बचपन से ही अपने अंदर 'क्यों' को निर्मित कर लिया था। इसलिए वे हर बाधा को पार करके लोगों एवं देश की मदद करते थे। उन्होंने अपने जीवन में सदैव राष्ट्र का कल्याण सोचा और निर्धन व ईमानदार लोगों की मदद की। वे महाराज कृष्णदेव राय को शत्रुओं से बचाते थे और शत्रु को चारों खाने चित्त कर देते थे।

क्यों की उत्पत्ति से

- व्यक्ति के अंदर ऊर्जा एवं जोश उत्पन्न होता है।
- भटकने और बहकने की आशंका कम होती है।
- सद्गुणों का विकास होता है।
- व्यक्तित्व में निखार आता है।
- शारीरिक एवं मानसिक रूप से व्यक्ति स्वस्थ रहता है।

तेनालीराम ने शत्रु को 'क्यों' की तकनीक से पकड़ा

"तेनालीराम, तुम्हारा दिमाग ठिकाने पर है न। ये क्या ऊटपटाँग बोल रहे हो ?" तेनालीराम बोले, "महाराज, कुछ-न-कुछ गड़बड़ तो जरूर है।" तेनालीराम के बार-बार यह कहने पर कि अय्यार होशियार होते हुए भी आपके पीछे क्यों लगा हुआ है ?

राजा कृष्णदेव राय एक शूरवीर योद्धा थे। वे न केवल सैन्य रणनीतियाँ बनाने में निपुण थे, अपितु शत्रुओं को भी पल में चित्त कर देते थे। इसलिए अनेक राजा उनसे ईर्ष्या करते थे और उनके शत्रु बने हुए थे। बीजापुर का सुलतान नित दिन राजा कृष्णदेव राय को पराजित करने की योजना बनाता रहता था। एक दिन उसने अपने सबसे होशियार और खास मुसलिम जासूस को बुलाया और बोला, "हमें हर हाल में राजा कृष्णदेव चाहिए, जीवित अथवा मृत। तुम कद-काठी से तमिल लगते हो और तुम्हें तमिल के साथ ही ब्राह्मणों के मंत्रों एवं रीति-रिवाजों का पूरा ज्ञान है, इसलिए तुम यह काम कर सकते हो।" मुसलिम जासूस बोला, "आज्ञा दीजिए सुलतान। मुझे क्या करना होगा ?" सुलतान बोला, "तुम आज ही विजयनगर जाओ और अपने ज्ञान से राजा का विश्वास हासिल कर अवसर मिलने पर उसकी हत्या कर दो।" मुसलिम जासूस अय्यार बनकर विजयनगर जा पहुँचा। वह अपने ज्ञान और बुद्धि से शीघ्र ही राजा के पास जाने में कामयाब हो गया। राजा के साथ-साथ संपूर्ण दरबारी भी राजा अय्यार की बातों से प्रभावित हुए बिना न रहते। लेकिन तेनालीराम पर उसके आचार-विचार और ज्ञान का विशेष प्रभाव न पड़ा। यह देखकर राजा कृष्णदेव राय बोले, "क्यों तेनालीराम, अय्यार तुम्हें इसलिए पसंद नहीं, क्योंकि वह ज्ञान में तुम्हारी टक्कर का है ?"

"नहीं महाराज, ऐसी बात नहीं है। दरअसल मुझे अय्यार का आपका विश्वासपात्र बनना समझ नहीं आता। वह ऐसा क्यों करेगा ? जो विद्वान् और गुणी होता है, उसे अपनी चमक कहीं बिखेरने की आवश्यकता नहीं, वह अपने व्यक्तित्व, आचार-

विचार से स्वयं ही लोगों का प्रिय बन जाता है। लेकिन अय्यार अनेक बार आपके सामने ऐसे कृत्य करता है, जिससे कि आप प्रभावित हों। आखिर क्यों?" इस पर राजा कृष्णदेव बोले, "लेकिन वह ऐसा क्यों करेगा? उसे मुझसे क्या लाभ हो सकता है?"

"महाराज, वह शत्रु का जासूस हो सकता है, जिसका उद्देश्य आपकी हत्या करना अथवा आपके राज्य की गुप्त बातें बाहर निकालना हो सकता है।" यह सुनकर महाराज कृष्णदेव राय उछल पड़े और बोले, "तेनालीराम, तुम्हारा दिमाग ठिकाने पर है न। ये क्या ऊटपटाँग बोल रहे हो?" तेनालीराम बोले, "महाराज, कुछ-न-कुछ गड़बड़ तो जरूर है।" तेनालीराम के बार-बार यह कहने पर कि अय्यार होशियार होते हुए भी आपके पीछे क्यों लगा हुआ है? राजा सोच में पड़ गए और बोले, "तुम इस बात का शीघ्र पता लगाओ।" तेनालीराम अपनी रणनीति बनाते हुए राजा से बोले, "आज रात को दबे पाँव आप मेरे साथ इस जासूस के शयनकक्ष में चलें।" शयनकक्ष में पहुँचकर तेनालीराम ने एक नुकीली लकड़ी उसके पैर में चुभा दी। लकड़ी चुभते ही जासूस कराहकर बोला, "या अल्लाह! अल्लाह! मौला।" मुँह से ये शब्द सुनते ही राजा कृष्णदेव राय दंग रह गए। सैनिकों ने जासूस को अपनी गिरफ्त में ले लिया। इस तरह 'क्यों' की जिज्ञासा ने एक महान् राजा को शत्रु के षड्यंत्र का शिकार बनने से बचा लिया।

तेनाली पाठ

जीवन में होश सँभालते ही अपने 'क्यों' की तलाश करनी आरंभ कर देनी चाहिए। जब बचपन से ही व्यक्ति के मन में यह धारणा बन जाती है कि उसे अपने लक्ष्य को क्यों चुनना है तो क्या और कैसे के जवाब भी स्वयं ही तैयार हो जाते हैं। 'क्यों' से व्यक्ति के मस्तिष्क में लक्ष्य बन जाता है और यह नक्शे की तरह उसे मार्ग अथवा दिशा में भटकने से बचाता है। व्यक्ति जब गलत मार्ग की ओर जाने लगता है तो नक्शा उसे बताता है कि उसे किस मार्ग पर बढ़ना है, इस तरह गलत मार्ग की ओर बढ़नेवाला व्यक्ति नक्शे की सहायता से सही मार्ग की ओर बढ़ता है और अपनी मंजिल पर पहुँचता है। तेनालीराम 'क्यों' की तकनीक अपने अंदर विकसित करते रहे, इसलिए वे हमेशा अपने ईर्ष्यालु दरबारियों को पटखनी देते रहे। आज भी तेनालीराम उतने ही प्रसिद्ध हैं, जितने वे अपने जीवनकाल में थे। अब तो आप समझ गए होंगे कि 'क्यों' आपके लिए सबसे बड़ा काम क्या करता है? 'क्यों' आपको अमर कर देता है—जीवन के साथ भी और जीवन के बाद भी।

□

5

तेनालीराम के छोटे काम

छोटे काम

- मेरी हसरत है कि मैं एक महान् और बड़ा ऊँचा काम करूँ, लेकिन मेरा प्रमुख कर्तव्य यह है कि मैं छोटे काम भी उस तरह करूँ, जैसे वे महान् और बड़े ऊँचे हों। *—हेलेन केलर*
- हजार मील लंबी यात्रा भी पहले कदम के साथ शुरू होती है। *—लाओ त्सू*

मानवीय स्वभाव बड़ी सफलता, बड़े कदमों और बड़ी छलाँग लगाने के लिए आतुर रहता है। इन बड़ी सफलताओं, बड़े कदमों और बड़ी छलाँगों के इंतजार में अनेक लोग अपने सिर के बाल सफेद कर लेते हैं, किशोरावस्था से वृद्धावस्था में पहुँच जाते हैं, लेकिन कभी बड़ी सफलता प्राप्त नहीं कर पाते, न ही बड़ी छलाँग लगा पाते हैं और न ही बड़े कदमों से समुद्र लाँघ पाते हैं। जानते हैं, ऐसा क्यों होता है? ऐसा इसलिए होता है, क्योंकि इन लोगों ने कभी छोटे कदम और छोटी छलाँगों को लगाने का प्रयास ही नहीं किया होता। जो छोटे कदम और छोटी छलाँग लगाना जानता है, वही बड़ी छलाँग लगा पाता है। जमैका के अंतरराष्ट्रीय धावक और आठ बार के ओलंपिक स्वर्ण पदक विजेता उसेन बोल्ट को दौड़ते देखकर लोग दाँतों तले उँगली दबा लेते हैं। लेकिन एकदम से उसने लंबे डग नहीं भरे, बल्कि प्रतिदिन अपने छोटे-छोटे कदमों से पहले तेज चलने का अभ्यास किया, फिर दौड़ने का और फिर और तेज दौड़ने का। इस तरह वह छोटे कदम और छोटी छलाँग से बड़ी छलाँग लगा पाए और ओलंपिक में जीतकर बड़ी पहचान बना पाए। बड़ी पहचान बनाने से पहले छोटी पहचान बनानी जरूरी होती है। छोटी पहचान ही आगे जाकर बड़ी पहचान बनती है। सुपरस्टार अमिताभ बच्चन ने अनेक बार असफलता का स्वाद

चखा, लेकिन वे धीरे-धीरे आगे बढ़ते रहे। असफलता मिलने पर भी वे रुके नहीं। यदि वे आकाशवाणी में अस्वीकृत हो जाने पर हार मानकर बैठ जाते तो क्या आज वे इस रूप में हमारे सामने होते, जिस रूप में हैं।

इसी तरह तेनालीराम ने किसी भी काम को छोटा नहीं समझा। वे हर कार्य को पूर्ण समर्पण एवं तन्मयता के साथ करते थे और उसमें सफलता प्राप्त करते थे। उनके छोटे-छोटे कामों की सफलता ही एक माला के रूप में तैयार हो गई और वे अमर हो गए।

छोटे सवाल का जादू

छोटे काम, छोटे कदम, छोटी सफलता के साथ ही छोटे सवाल भी जीवन में अहम होते हैं। क्या आप जानते हैं कि स्वयं से छोटे-छोटे सवाल पूछने से आप अपने व्यक्तित्व को बेहद मजबूत बना सकते हैं। आपको यकीन नहीं हो रहा, अभी हो जाएगा।

क्या आप सृजनात्मक कार्य करने की इच्छा रखते हैं? क्या आप कोई गीत, कोई सुझाव, कोई नवाचार, कोई चित्र बनाना चाहते हैं।

अब आपके सामने यह समस्या तो नहीं कि आप सोच रहे हों कि करना तो बहुत कुछ चाहते हैं, लेकिन यह समझ ही नहीं आ रहा कि शुरुआत कहाँ से और कैसे करें? यदि ऐसा है तो आप आज से ही खुद से एक प्रश्न पूछकर आगे बढ़ना शुरू कर दीजिए। लेकिन ऐसा करते समय आप शांत, नम्र और धैर्यवान बने रहें। आपके प्रश्न निम्न प्रकार के हो सकते हैं—

- वह क्या है, जिसका योगदान मैं कुछ नवाचार करके विश्व को देना चाहता हूँ?
- उससे क्या लाभ होगा?
- मेरे काम में कौन मुझे मार्गदर्शन प्रदान कर सकता है?
- कौन मेरी मदद कर सकता है?
- मेरे अंदर वह कौन सा खास गुण है, जो सबको प्रभावित करता है?

- किस काम में मेरी अधिक रुचि है ?
- किस कार्य को करने पर मेरे अंदर उत्साह का संचार होता है ?

तेनालीराम हर कदम पर स्वयं से ये प्रश्न इतनी अधिक बार करते थे कि उनका एमिग्डला सोया रहता था और कॉर्टेक्स जाग्रत् हो जाता था, जिनके बल पर वे जीत जाते थे।

छोटे प्रश्न और छोटे कार्यों से कॉर्टेक्स का जाग्रत् होना

कुछ लोग अपने मस्तिष्क का प्रयोग कर अनेक नए अनूठे कदम उठा लेते हैं और फिर उनके माध्यम से इतिहास रच देते हैं। पेटीएम, जोमेटो, अमेजन आदि सब इसी मस्तिष्क की देन हैं। ऐसे विचार हर व्यक्ति के मन में आ सकते हैं, लेकिन नहीं आते, क्योंकि उनके मस्तिष्क का एमिग्डला जाग्रत् रहता है और कॉर्टेक्स सोया रहता है। इसलिए हिप्पोकैंपस भी प्रतिक्रिया नहीं देता।

हमारे जीवन में मस्तिष्क में स्थित एमिग्डला, कॉर्टेक्स और हिप्पोकैंपस का बहुत अधिक प्रभाव पड़ता है। जीवन की सफलता और असफलता इन्हीं पर निर्भर करती है। वास्तव में मस्तिष्क को छोटे-छोटे प्रश्नों से जूझना अच्छा लगता है। लेकिन जब उस पर एकदम से बड़े-बड़े प्रश्नों का प्रहार कर दिया जाता है तो उस समय एमिग्डला जाग जाता है और एमिग्डला व्यक्ति के अंदर लड़ो या भागो की प्रतिक्रिया उत्पन्न् कर देता है। इससे व्यक्ति घबराकर सही जवाब तक नहीं पहुँच पाता। वहीं छोटे-छोटे प्रश्न करने से एमिग्डला सोया रहता है और कॉर्टेक्स जाग जाता है। जब आप अपने प्रश्नों का आकार छोटा कर लेते हैं तो एमिग्डला सोया रहता है और उसके माध्यम से उत्पन्न होनेवाले डर आप तक नहीं पहुँच पाते। इस तरह जब डर शांत रहता है तो मस्तिष्क अच्छी तरह से छोटे-छोटे प्रश्नों को समझता है और उनके जवाब भी देता रहता है। यदि छोटे-छोटे प्रश्नों के माध्यम से एकदम से आपको जवाब न मिले तो अपने इन सवालों को कई-कई दिनों तक दोहराते रहें। ऐसा करते रहने से आपके हिप्पोकैंपस के पास इसे हल करने के अलावा और कोई मार्ग नहीं होगा। हिप्पोकैंपस मस्तिष्क का वह हिस्सा होता है, जो जानकारी का संग्रह करता है। हर महान् व्यक्ति का एमिग्डला सोया रहता है और हिप्पोकैंपस एवं कॉर्टेक्स जाग्रत् रहता है। तेनालीराम के अलावा उनके दरबारी कभी भी बड़ी समस्याओं के हल तक इसलिए नहीं पहुँच पाते थे, क्योंकि बड़ी समस्या देखकर अपने मस्तिष्क में वे विकराल प्रश्न उत्पन्न कर लेते थे, जिससे एमिग्डला जाग्रत् हो जाता था और बाकी सब बंद।

जब तेनालीराम ने छोटे से चावल के दाने का इनाम लिया

एक दिन राजा कृष्णदेव राय दरबार में बातें कर रहे थे। चर्चा छोटी-बड़ी बातों पर चल रही थी। एक दरबारी बोला, "महाराज, जो लोग छोटी बातों और छोटे काम पर अधिक ध्यान देते हैं, वे जीवन में कभी बड़े नहीं बन पाते।" इस पर तेनालीराम बोले, "मैं इस बात से सहमत नहीं हूँ। मैंने तो अपने जीवन में यह अनुभव किया है कि हर बड़ा काम, बड़ी सफलता छोटे काम और छोटी सफलता से होकर ही बड़े बनते हैं।"

तेनाली ने सेवकों को रोका और राजा से बोले, "महाराज! मैं आपसे कुछ नहीं चाहता, मैं तो सिर्फ आपको यह बताना चाहता था कि छोटी-छोटी चीजें, छोटी-छोटी बातें और छोटे-छोटे काम भी बहुत महत्त्वपूर्ण होते हैं और यही छोटी-छोटी चीजें बढ़ते-बढ़ते विशालकाय चीजों में परिवर्तित हो जाती हैं।"

दरबारी इस बात से सहमत नहीं हुए, तब राजा कृष्णदेव राय ने इसे साबित करने के लिए कहा। कई दिन बीत गए। एक दिन तेनालीराम ने दरबार में बहुत अच्छी कविता सुनाई। कविता सुनकर राजा बोले, "तेनाली, माँगो, क्या माँगते हो। तुम्हारी कविता ने मर्म छू लिया।" यह सुनकर तेनालीराम बोले, "महाराज! यदि आप चावल का एक दाना शतरंज के पहले खाने में रख दें और हर अगले खाने में पिछले खाने का दोगुना रखते जाएँ तो मैं उसे ही अपना इनाम समझूँगा।" राजा आश्चर्य से बोले, "इतना छोटा इनाम। इतने से चावल के दानों से क्या होगा?" तेनालीराम बोला, "महाराज, मुझे तो यही छोटा इनाम चाहिए।" राजा ने अपने सेवकों को आदेश दिया। पहले खाने में 1 दाना, दूसरे में दो, तीसरे में 4, चौथे में 8, पाँचवें में 16 और इस तरह गिनती बढ़ती गई। दसवें खाने तक पहुँचने पर 512 दाने रखे गए और बीसवें खाने तक पहुँचने पर 5,24,288 दाने रखे गए। इस प्रकार जब तक उन्होंने शतरंज की आधी बिसात यानी कि 32 खाने भरे, दानों की संख्या 214,74,83,648 पहुँच चुकी थी, अर्थात् 214 करोड़ से भी ज्यादा। शीघ्र ही यह गिनती आगे बढ़ती रही। यह दृश्य देखकर सभी दंग रह गए। आखिरकार नौबत यहाँ तक आ पहुँची कि राजा कृष्णदेव राय का पूरा अनाज भंडार खाली होने के कगार पर आ गया। हर ओर खलबली मच गई। तब तेनाली ने सेवकों को रोका और राजा से बोले, "महाराज! मैं आपसे कुछ नहीं चाहता, मैं तो सिर्फ आपको यह बताना चाहता था कि छोटी-छोटी चीजें, छोटी-छोटी बातें और छोटे-छोटे काम भी बहुत महत्त्वपूर्ण होते हैं और यही छोटी-छोटी चीजें बढ़ते-बढ़ते विशालकाय चीजों में परिवर्तित हो जाती हैं।"

यह सुनकर राजा कृष्णदेव राय अत्यंत प्रसन्न हुए और बोले, "उचित कहा तुमने तेनाली। वाकई हमें इस बात पर बेहद गर्व है कि तुम हमारे दरबार की शोभा हो।" यह सुनकर सारे दरबारियों के मुँह लटक गए और तेनालीराम का मुख गर्व की गरिमा से दमक उठा।

तेनाली पाठ

छोटी-छोटी चीजों को कभी कम नहीं समझना चाहिए। जब व्यक्ति हर दिन कार्य में थोड़ा-थोड़ा सुधार करता रहता है तो एक दिन वह बेहतर बन जाता है। छोटे-छोटे प्रश्न खुद से करने से मस्तिष्क के कॉर्टेक्स और हिप्पोकैंपस अच्छी तरह कार्य करते हैं और व्यक्ति को सकारात्मक जवाब देते हैं। एकदम से बड़े कार्य और बड़ी-बड़ी बातें दिमाग में उलझन उत्पन्न कर देती हैं, जिससे एमिग्डला जाग जाता है और बाधाएँ उत्पन्न कर देता है। प्रत्येक व्यक्ति को अपने डर को दूर करने के लिए स्वयं से छोटे-छोटे प्रश्न पूछने चाहिए। ऐसे छोटे कार्य करने चाहिए, जिसमें सफलता निश्चित हो। ऐसा करने से न केवल व्यक्ति का आत्मविश्वास बढ़ता है, बल्कि व्यक्ति बड़े कार्यों की ओर भी अपने कदम बढ़ाने लगता है। छोटी सफलताएँ व्यक्ति के अंदर अकेले ही विपरीत परिस्थितियों में सर्वश्रेष्ठ प्रदर्शन करने की उमंग जगा देती हैं। छोटी सफलताओं और छोटे कामों से ही बड़े काम बनते हैं। यही कार्य इतिहास बनकर लोगों के लिए दिलो दिमाग पर छा जाते हैं, बिल्कुल उसी तरह, जिस तरह आज तेनालीराम छाए हुए हैं।

□

6

ठहरें नहीं, तेनालीराम की तरह बढ़ते रहें

ठहरना और आगे बढ़ना

- इस संसार में बड़ी बात यह नहीं है कि हम कहाँ खड़े हैं, बल्कि यह है कि हम किस दिशा में बढ़ रहे हैं। —ऑलिवर वेंडेल होम्स
- जिंदगी साइकिल चलाने के जैसी है। बैलेंस बनाए रखने के लिए आपको चलते रहना होता है। —अल्बर्ट आइंस्टीन

वर्षा का आनंद सभी उठाते हैं। वर्षा बंद हो जाने पर जब उसका पानी एक जगह कई दिनों तक इकट्‌ठा रहता है तो वह सड़ जाता है और उसमें जीव-जंतु उत्पन्न होकर बीमारियाँ फैलाने लगते हैं। पानी का एक स्थान पर ठहरना अनेक परेशानियाँ उत्पन्न कर देता है तो सोचिए कि मनुष्य अगर एक ही जगह पर रुका रहे, आगे ही न बढ़े तो जीवन कैसे चलेगा। यदि मनुष्य भी लगातार एक ही स्थान पर ठहर जाता है तो उसके अंदर का जोश, उत्साह और ऊर्जा मंद पड़ जाते हैं।

जीवन-चक्र ऐसा है कि इसमें व्यक्ति का शारीरिक विकास कम वस्तुओं के अभाव में भी होता रहता है, लेकिन मानसिक विकास नहीं होता। मानसिक विकास के लिए तो व्यक्ति को संपूर्ण खुराक चाहिए होती है। नोबेल पुरस्कार विजेता अंग्रेजी लेखक रुडयार्ड किपलिंग की एक बहुत प्रसिद्ध पुस्तक है—'द जंगल बुक'। इस पुस्तक का पात्र मोगली अमर है और बच्चों में बेहद लोकप्रिय है। यह बालक जंगल में खो जाता है और इसका पालन-पोषण भेड़ियों का एक झुंड करता है। वह बालक शारीरिक रूप से तो बड़ा होता रहता है, लेकिन मानसिक विकास उसका ठहर जाता है, क्योंकि उसे यह ज्ञात ही नहीं होता कि मानसिक विकास कैसे होता है ? मानसिक विकास परिवेश, बोलचाल, शिक्षा और संस्कारों से होता है। जब एक व्यक्ति को

ये सब सुविधाएँ सुलभ नहीं होतीं तो उसका विकास ठहर जाता है और वह जीवन भर केवल पेट भरने को ही अपना जीवन समझता है। अनेक जीव-जंतु भी पृथ्वी पर व्यक्ति के लिए सहायक सिद्ध होते हैं और अपना निरंतर विकास करके मानव का कल्याण करते हैं।

मधुमक्खी—मधुमक्खी से शहद प्राप्त होता है। शहद बेहद पौष्टिक भोजन माना जाता है। मधुमक्खियाँ व्यक्तियों के लिए बेहद लाभदायक होती हैं। वे सौंफ, बरसीम एवं सरसों के उत्पादन को बढ़ाने में भी निर्णायक भूमिका निभाती हैं।

केंचुए—केंचुए किसानों के सच्चे मित्र होते हैं। इनका मिट्टी खाने का तरीका पृथ्वी के लिए बेहद लाभदायक होता है। ये पृथ्वी को एक प्रकार से जोतकर किसानों के लिए उसे उपजाऊ बना देते हैं। वर्म कास्टिंगी ऊपरी मिट्टी सूख जाती है, फिर बारीक होकर पृथ्वी की सतह पर फैल जाती है। इस तरह जहाँ पर केंचुए होते हैं, वहाँ की मिट्टी पोली हो जाती है, जिससे पानी और हवा सरलता से पृथ्वी के अंदर प्रवेश कर जाते हैं। केंचुए किसान के लिए हल की भूमिका निभाते हैं।

क्या आप आगे बढ़ रहे हैं

आगे बढ़ने का केवल यह अर्थ नहीं है कि आप कक्षा-दर-कक्षा आगे बढ़ें और यह सोच लें कि आपको जीवन में डॉक्टर, इंजीनियर बनना है। औपचारिक शिक्षा पूरी कर लेना मात्र विकास कर लेना या आगे बढ़ना नहीं है। कोई भी संयोग से आगे नहीं बढ़ता, बल्कि आगे बढ़ने के लिए तो आपको अपने जीवन की पूरी बागडोर अपने हाथों में लेनी पड़ती है और फिर चलना होता है। मिचेल डी मॉण्टेन का कहना है कि "जिस व्यक्ति का गंतव्य ही तय न हो, कोई हवा उसके पक्ष में नहीं चलती।" आप आगे बढ़ रहे हैं अथवा नहीं, यह आप बेहद आसानी से जान सकते हैं। नीचे कुछ प्रश्न दिए गए हैं, यदि आपके अधिकतर प्रश्नों का जवाब हाँ में आता है तो इसका मतलब आप पीछे ही हैं और आपको आगे बढ़ने के लिए अपने हाँ को न में बदलना होगा।

- मुझे नहीं पता कि आगे कैसे बढ़ते हैं?
- अभी कार्य करने के लिए सही मुहूर्त नहीं है।
- मुझे डर है कि कहीं मेरे कार्य गलत न हो जाएँ।
- मैं कोई भी काम ढंग से नहीं कर सकता।
- मेरे मन में उमंगें तो बहुत आती हैं, लेकिन कुछ करने का मन नहीं करता।

- मुझे ऐसे व्यक्तियों की आवश्यकता है, जो मेरा मार्गदर्शन करें।
- मैं कभी गलती नहीं कर सकता।

उपरोक्त प्रश्न व्यक्ति को एक इंच भी आगे नहीं बढ़ने देते। यदि आपको जीवन में कुछ करना है तो इन प्रश्नों को हल करके अभी से आगे बढ़ना आरंभ कर दें।

क्या आपने निम्न दो पहेलियों को पढ़ा है—

पहेली—वृक्ष पर पाँच बंदर थे। उनमें से तीन बंदरों ने नीचे कूदने का निर्णय लिया। अब वृक्ष पर कुल कितने बंदर बचे।

आपका जवाब होगा "दो।" लेकिन यह सही जवाब नहीं है। सही जवाब है "पाँच" क्योंकि निर्णय लेने और उसे करने में बहुत फर्क होता है।

पहेली—एक तालाब में 100 मछलियाँ थीं। 80 मछलियाँ मर गईं, तालाब में कितनी मछलियाँ बचीं?

इसका जवाब 20 नहीं, बल्कि 100 ही होगा, क्योंकि अभी भी तालाब में 100 ही मछलियाँ हैं।

इसी प्रकार आपने जीवन में चाहे जो भी करने का निर्णय लिया हो, लेकिन जब तक आप उस पर काम करना आरंभ नहीं कर देते हैं, तब तक आप लेशमात्र भी आगे नहीं बढ़ते हैं, क्योंकि सपनों में विदेश घूमने और वास्तव में विदेश घूमने में बहुत अंतर होता है।

रोके जाने के बावजूद आगे बढ़ते रहें

कुछ लोग कार्य करने के लिए समय एवं परिस्थितियों का इंतजार करते रहते हैं, लेकिन अफसोसजनक बात यह है कि ऐसी परिस्थितियाँ और समय कभी आता ही नहीं है। इसलिए समय एवं परिस्थितियों का इंतजार न करें, बल्कि कार्य को करके समय एवं परिस्थितियों को अपने अनुकूल बना लें और लगातार आगे बढ़ते रहें। जब व्यक्ति लीक से हटकर कार्य करने का जोखिम उठाता है तो उसकी राह में अनेक बाधाएँ आती हैं, लोग

> ***सफलता एवं कामयाबी का वास्तविक आनंद तब प्राप्त नहीं होता, जब वह आपको रुके रह जाने पर भी किसी की बदौलत प्राप्त हो जाती है। कामयाबी की वास्तविक खुशी तो तब प्राप्त होती है, जब राह पर चलते हुए आप काँटों से लहूलुहान हो जाते हैं, लोगों को गलत साबित करते हुए शिखर तक पहुँचते हैं और वहाँ से उनके लिए भी ढेर सारे अवसर लेकर लौटते हैं।***

उसे तोड़ने के लिए तैयार रहते हैं और उस पर लगातार आलोचनाओं के तीर बरसाते रहते हैं। एक बात सदैव याद रखें कि आप जब भी अकेले आगे बढ़ने का निर्णय लेंगे तो केवल एक नहीं, बल्कि अनेक लोग ऐसे होंगे, जो आपसे कहेंगे कि आप गलत हैं और रुक जाएँ। अनेक लोगों की बातें सुनकर आपका मन डाँवाँडोल होगा। कई बार आपको लगेगा कि उनकी बातें सही हैं, इसलिए आपको रुक जाना चाहिए, लेकिन आपको रुकना नहीं है, बल्कि ऐसी स्थिति में दोगुने साहस के साथ उसी प्रकार आगे बढ़ते चलना है, जैसे गज श्वानों की भीड़ में निरंतर आगे बढ़ता रहता है। सफलता एवं कामयाबी का वास्तविक आनंद तब प्राप्त नहीं होता, जब वह आपको रुके रह जाने पर भी किसी की बदौलत प्राप्त हो जाती है। कामयाबी की वास्तविक खुशी तो तब प्राप्त होती है, जब राह पर चलते हुए आप काँटों से लहूलुहान हो जाते हैं, लोगों को गलत साबित करते हुए शिखर तक पहुँचते हैं और वहाँ से उनके लिए भी ढेर सारे अवसर लेकर लौटते हैं। आगे सदैव चलने से ही बढ़ा जाता है। आप एक स्थान पर ठहकर कभी आगे नहीं बढ़ सकते। अपने जीवन को बेहतर और श्रेष्ठ बनाने के लिए आपको लगातार कार्य करते रहने चाहिए। ऐसे कार्य भी करने चाहिए, जिन्हें लोग मानते हैं कि आप नहीं कर सकते और ऐसे कार्य भी करने चाहिए, जिन्हें आप मानते हैं कि आप नहीं कर सकते। जिन कार्यों को करने में शंका उत्पन्न होती है, उन्हें करने पर वास्तविक जीत की अनुभूति होती है। मगर हाँ, आपके कार्य सदैव अनुकूल होने चाहिए और ऐसे होने चाहिए, जिनके द्वारा समाज एवं देश दोनों को ही लाभ हो। तेनालीराम एक ऐसे विदूषक थे, जो अपने शत्रुओं की आलोचना से कभी नहीं ठहरे, वे लगातार आगे बढ़ते रहे और उनकी जालसाजियों का पर्दाफाश करते रहे। उन्होंने समय-समय पर महाराजा कृष्णदेव राय को भी ऐसी दिशा दिखाई, जिसके माध्यम से उन्होंने राज्य को सुचारु रूप से चलाया और अमर हो गए।

तेनालीराम ने झाँकी के द्वारा महाराज को आगे बढ़ने के लिए कहा

महाराज कृष्णदेव राय सभी उत्सवों को बेहद हर्षोल्लास के साथ मनाते थे। उनके यहाँ पर दशहरा, दुर्गापूजा, दीवाली, सभी का आयोजन बहुत प्रेम से किया जाता था। वे कई-कई दिनों तक उत्सव मनाने में लगे रहते थे और काम-काज ठहर सा जाता था। एक बार दशहरा उत्सव होने पर उन्होंने अपने सभी दरबारियों को आदेश दिया कि वे सभी दशहरे के अवसर पर अपनी-अपनी झाँकी बनाएँ। जिसकी झाँकी सर्वश्रेष्ठ, सत्य के करीब एवं महत्त्वपूर्ण अर्थ लिये होगी, उसे सम्मानित किया

जाएगा। सभी दरबारी अपनी-अपनी झाँकियाँ बनाने में जुट गए। हर दरबारी के मन में यह तीव्र उत्कंठा थी कि इस बार किसी भी हालत में तेनालीराम यह पुरस्कार न जीते। दशहरे के दिन दशहरा मैदान में दरबारियों ने अपनी-अपनी समझ से एक से एक महँगी झाँकी तैयार की हुई थी। दरबारियों ने जानबूझकर मैदान में तेनालीराम के लिए जगह भी नहीं छोड़ी थी, इसलिए उन्होंने अपनी झाँकी एक टीले पर बनाई थी। महाराज जब झाँकियों को देखने आए तो सभी दरबारियों की झाँकियों को देखकर मुक्त कंठ से उनकी प्रशंसा किए बिना न रह सके। कुछ देर बाद उन्हें ध्यान आया कि उनमें तेनालीराम की झाँकी तो है ही नहीं। वह तेनालीराम से बोले, "तेनाली, तुम्हारी झाँकी कहाँ है?" तेनालीराम कुछ बोलते, उससे पहले ही दरबारी हँसी दबाते हुए बोले, "महाराज, तेनालीराम ने अपनी झाँकी उस टीले पर बनाई है।" इसके बाद महाराज टीले की ओर चल पड़े। दरबारी भी महाराज के साथ चल पड़े। टीले पर पहुँचने पर महाराज ने देखा कि एक टूटी-फूटी झोंपड़ी बनाकर उसके बाहर बुत खड़ा करके तेनाली ने झाँकी बनाई हुई है। कुछ देर तक तो महाराज उस झाँकी का संदेश समझने की कोशिश करते रहे। जब उन्हें कुछ समझ नहीं आया तो वे बोले, "तेनाली, इस झाँकी का संदेश क्या है? जरा बताओ।" तेनालीराम बोले, "महाराज, संदेश तो यह बुत स्वयं देगा।" इशारा पाकर बुत बोला, "महाराज, मैं उसी रावण की छाया हूँ, जो सदियों पहले मर गया और जिसके मरने की खुशी में आप यह उत्सव मना रहे हैं। मरे हुए कभी लौटकर नहीं आते, लेकिन आप आज भी उसी रावण पर ठहरे हैं। अब तो आपके राज्य में अनेक रावण उत्पन्न हो गए हैं, लेकिन आप आगे बढ़कर उन रावणों की ओर झाँकते ही नहीं हैं, बस मुझ ठहरे हुए रावण को ही देखते रहते हैं और मुझे पुतले के रूप में जलाकर ही अपनी पीठ ठोंक लेते हैं।" बुत के यह बोलते ही महाराज बोले, "तेनाली, यह बुत क्या बकवास कर रहा है? हम अभी इसमें आग लगाते हैं।" तभी बुत बोला, "मुझमें आग लगाने से क्या आपके यहाँ गरीबी, चोरी, भूख, ज्यादा कर वसूलने जैसे रावण मर जाएँगे। क्या आपकी प्रजा के दुःख दूर हो जाएँगे? आप तो यहाँ खड़े होकर सदियों पुराने रावण

महाराज बोले, "तेनाली, यह बुत क्या बकवास कर रहा है? हम अभी इसमें आग लगाते हैं।" तभी बुत बोला, "मुझमें आग लगाने से क्या आपके यहाँ गरीबी, चोरी, भूख, ज्यादा कर वसूलने जैसे रावण मर जाएँगे। क्या आपकी प्रजा के दुःख दूर हो जाएँगे? आप तो यहाँ खड़े होकर सदियों पुराने रावण की झाँकी निहारने में लगे रहते हैं, उधर कुछ दरबारी अपनी मनमानी कर जनता पर अत्याचार करते हैं।"

की झाँकी निहारने में लगे रहते हैं, उधर कुछ दरबारी अपनी मनमानी कर जनता पर अत्याचार करते हैं।" यह कहकर बुत बना रावण हा··हा··हा करके हँसने लगा। राजा बुत की ओर देखते रह गए। इसके बाद वह तेनालीराम को गले से लगाते हुए बोले, "आज तुमने हमारी आँखें खोल दीं और हमें बता दिया कि जीवन में आगे बढ़ना ही प्रगति का दूसरा नाम है। आगे बढ़ते हुए नई-नई समस्याओं और चुनौतियों को जीतना ही असली विजय है।" यह सुनकर तेनालीराम मुसकराते हुए बोले, "जी महाराज, बिल्कुल सही कहा आपने। इसलिए तो मैं आपसे कहता हूँ कि निरंतर आगे बढ़ते रहिए, एक ही जगह अधिक समय तक मत ठहरिए।"

तेनाली पाठ

कोई भी सफलता या मंजिल रातोरात नहीं मिलती। उसके लिए चलना पड़ता है, संघर्ष करना पड़ता है। व्यक्ति एक दिन में अपनी मंजिल नहीं पा सकता, लेकिन वह खुद को बदलकर अपनी दिशा की धारा को रातोरात बदल सकता है। ठहरने से विकास अवरुद्ध हो जाता है और कुछ समय बाद उसमें सड़न उत्पन्न हो जाती है। असफल होने पर भी अधिक देर के लिए न ठहरें, क्योंकि ज्यादा देर तक ठहरने से अवसर हाथ से निकलते जाते हैं। असफलता को ठहराव की मंजिल न बनाएँ, बल्कि उसे आगे बढ़ने का मार्ग बनाएँ, जिस पर चलकर आप सफलता को पाएँ और एक सुनहरा भविष्य बनाएँ। इस बात का इंतजार न करें कि कोई आपको प्रेरित करेगा, तभी आपके अंदर से ज्वाला निकलेगी। अपने जोश की ज्वाला को बाहर निकालें और कार्य करना आरंभ कर दें, प्रेरणा खुद-ब-खुद उत्पन्न हो जाएगी, जो आपके मार्ग में आनेवाले कंटकों और बाधाओं को दूर भगाएगी।

□

7

तेनालीराम जैसी बुद्धिमत्ता कैसे विकसित करें

बुद्धि

- अगर मेरे पास किसी समस्या को सुलझाने के लिए एक घंटा हो तो मैं 55 मिनट समस्या के बारे में सोचने और पाँच मिनट हल करने में लगाऊँगा।

  —अल्बर्ट आइंस्टीन

- बुद्धिमान लोग जितने अवसर मिलते हैं, उससे अधिक अवसर बना लेते हैं।

  —फ्रांसिस बेकन

उपरोक्त उद्धरणों को पढ़कर आप समझ गए होंगे कि बुद्धि क्या है ? बुद्धिमान लोग समस्या आने पर एकदम से विचलित नहीं होते। वे धैर्यपूर्वक उसे जानते-समझते हैं, योजनाएँ बनाते हैं और तब उसे सुलझाना आरंभ करते हैं, जबकि बुद्धिहीन लोग छोटी-से-छोटी समस्या के आगे भी न केवल हथियार डाल देते हैं, बल्कि बिना सोचे-समझे उसे सुलझाना आरंभ कर देते हैं। जब आपको सही हल ही ज्ञात नहीं होगा तो समस्या कैसे सुलझेगी। उसे सुलझाने के लिए पहले उसके बारे में सोचना और समझना जरूरी है। अल्बर्ट आइंस्टीन यही करते थे। वही लोग अपनी बुद्धिमत्ता का सिक्का और प्रभुत्व विश्व पर जमा पाते हैं, जो समझदारी, ईमानदारी और चतुराई से समस्याओं को सुलझाते हैं। समस्याएँ दरअसल आपकी बुद्धि को मापने का ही एक पैमाना है। आप अभी अपने जीवन में किए गए बड़े-बड़े कामों और उनके परिणामों की एक सूची बनाइए और फिर यह आकलन कीजिए कि आप किन-किन कामों में सफल और असफल रहे। यदि आपके खाते में सफलता

अधिक बार आई है तो कोई दो राय नहीं है कि आप बुद्धिमान हैं। वहीं यदि आपके खाते में असफलता के चिह्न अधिक उभरे हैं तो घबराएँ नहीं, क्योंकि इस पाठ में आपकी समस्याओं का समाधान है। यह समाधान आपको न केवल तेनालीराम की तरह चतुर, समझदार और बुद्धिमान बना देगा अपितु आपको जीवन में अनगिनत सफलताओं की ओर ले जाएगा।

बुद्धि केवल मस्तिष्क में नहीं अपितु पूरे शरीर में विद्यमान होती है

जब मस्तिष्क नींद में होता है तो उस समय हृदय की धड़कन को चलाने के लिए उस अंग के जीवाणु अपनी समझ से उसे चालू रखते हैं। इसी तरह कई बार मस्तिष्क में चोट लगने के कारण याददाश्त लुप्त होने पर भी शरीर की स्वाभाविक क्रियाएँ, जैसे चलना, देखना, सुनना आदि होती रहती हैं।

कुछ लोग सोचते हैं कि बुद्धि केवल मस्तिष्क का कमाल होती है। लेकिन बुद्धि व्यक्ति के पूरे शरीर में विद्यमान होती है। शोधों से यह बात सामने आई है कि शरीर का प्रत्येक अणु स्वतंत्र रूप से सोचता है और पूरे शरीर के निर्माण के समय सभी अणु मिलकर कार्य करते हैं। नवीन विज्ञान ने इस बात को सिद्ध कर दिया है कि बुद्धि केवल मस्तिष्क तक ही सीमित नहीं होती, बल्कि शरीर के सभी अंग सोचते हैं। यदि शरीर के किसी कटे हुए अंग को विषैली वस्तु के पास रख दिया जाए तो उस अंग के जीवाणु उससे दूर जाने का प्रयास करते हैं। इसके विपरीत यदि कोई लाभदायक औषधि उस अंग के पास रख दी जाए तो अणु उसके पास जाकर लाभ उठाने का प्रयास करते हैं। इससे सिद्ध होता है कि शरीर के जीवाणु व अणु अपने ज्ञान और बुद्धि का परिचय देते हैं। इसलिए ज्ञान, बुद्धि और सोचने की शक्ति शरीर के संपूर्ण अंगों और जीवाणुओं में होती है। शरीर में सकारात्मक और नकारात्मक विचारों का प्रभाव पूरे शरीर पर पड़ता है। प्रसिद्ध मनोवैज्ञानिक प्रोफेसर रिचर्ड फॉक्स कहते हैं कि 'सकारात्मक बदलाव अच्छाई की तरंगों को उत्पन्न करता है, जो आपकी जिंदगी और पूरे शरीर को प्रभावित करता है। सकारात्मक बदलावों से व्यक्ति का शरीर खिल उठता है और ताजगी से भर जाता है।' इससे भी यह पता चलता है कि बुद्धि का केंद्र केवल मस्तिष्क में ही नहीं, अपितु शरीर के सभी अंगों में है। हाँ, यह अवश्य है कि मस्तिष्क के जीवाणु शरीर के शेष जीवाणुओं से अधिक समझदार और अनुभवी होते हैं। एक अंधा व्यक्ति अपनी समझ का कार्य अंगुलियों की स्पर्श से लेता है। ऐसे में मस्तिष्क में पाए जानेवाले श्वेत जीवाणु अंधे व्यक्ति की अंगुलियों की पोरों पर

उपस्थित हो जाते हैं। जब मस्तिष्क नींद में होता है तो उस समय हृदय की धड़कन को चलाने के लिए उस अंग के जीवाणु अपनी समझ से उसे चालू रखते हैं। इसी तरह कई बार मस्तिष्क में चोट लगने के कारण याददाश्त लुप्त होने पर भी शरीर की स्वाभाविक क्रियाएँ, जैसे चलना, देखना, सुनना आदि होती रहती हैं। इसलिए बुद्धि का केंद्र मस्तिष्क में ही नहीं, बल्कि शरीर के अंग-अंग में है। शरीर के अंग-अंग में स्थित बुद्धि का प्रयोग करके व्यक्ति जीवन में अप्रत्याशित सफलता प्राप्त कर सकता है। ज्ञान और सोचने-समझने की शक्ति पूरे शरीर में विद्यमान है। यह बात आप निम्न उदाहरणों से अच्छी तरह समझ जाएँगे।

- जब आप कोई भावनात्मक फिल्म देखते हैं तो आपका पूरा शरीर हरकत में आ जाता है।
- कोई डरावना या भयभीत दृश्य देखने पर केवल मस्तिष्क ही नहीं, अपितु पूरा शरीर कुछ क्षणों के लिए जड़ हो ज़ाता है।
- जब आप अपने किसी प्रियजन की अचानक असामयिक मृत्यु का समाचार सुनते हैं तो मस्तिष्क ही नहीं, अपितु पूरा शरीर सुन्न हो जाता है।

इसलिए बुद्धिमत्ता को बढ़ाने के लिए अपने व्यक्तित्व को सुधारना चाहिए।

बुद्धिमान और मूर्ख में अंतर

बुद्धिमान व्यक्ति	मूर्ख व्यक्ति
बुद्धिमान व्यक्ति एकांत में चिंतन करता है।	मूर्ख व्यक्ति सार्वजनिक रूप से स्वयं को श्रेष्ठ सिद्ध करने के प्रयास में अपना ही नुकसान करता है।
विश्व में महामारी का संक्रमण फैलने पर इससे दूर रहने के लिए हरसंभव चिकित्सकीय परामर्श का पालन करता है।	संक्रमण से बचने के उपायों का पालन नहीं करता और अपनी बचकानी हरकतों से अन्य लोगों में संक्रमण फैलाता है।

दूसरों से सीखने के लिए सदैव तैयार रहते हैं।	स्वयं को सर्वश्रेष्ठ समझते हैं और दूसरों से सीखने का कतई प्रयास नहीं करते।
अच्छे श्रोता होते हैं। अच्छे श्रोता होने के कारण वे दूसरों से कई स्तरों पर जुड़ जाते हैं।	दूसरों को बिल्कुल नहीं सुनते। इसलिए ज्ञान सीमित होता है।
पुस्तकों को अपना मित्र समझते हैं, उन्हें हृदय से लगाकर रखते हैं और उन्हें प्रतिदिन पढ़ते हैं।	पुस्तकों को अलमारी में बंद करके रखते हैं और उन्हें केवल शो पीस की सामग्री समझते हैं।
अपने ज्ञान को दूसरों को बाँटने के लिए सदैव तैयार रहते हैं।	अपने ज्ञान को केवल खुद तक सीमित करके रखते हैं, इसलिए मुसीबत में फँसते हैं।
लोगों की मदद के लिए सदैव आगे रहते हैं।	दूसरों की मदद करने से बचते हैं और सोचते हैं कि केवल वे ही हर जगह आगे रहें।
लोगों की उपलब्धियों पर खुश होते हैं।	लोगों को पुरस्कार व उपलब्धियाँ मिलते देख बिल्कुल खुश नहीं होते।

तेनालीराम ने बुद्धि से कठिन सवाल को हल किया

बुद्धिमान व्यक्ति और बुद्धि की हर जगह सराहना होती है। बुद्धिमान व्यक्ति कठिन-से-कठिन परिस्थिति से बाहर निकलना जानता है, जबकि बुद्धिहीन व्यक्ति सरल-से-सरल पहेली में भी उलझ जाता है। बीरबल, तेनालीराम व गोपाल भांड की बुद्धिमत्ता की कथाएँ विश्व के कोने-कोने में रची-बसी हुई हैं कि किस तरह वे चतुराई से अपनी बुद्धि के प्रयोग से हमेशा शत्रुओं को पराजित कर देते थे। तेनालीराम से चिढ़नेवाले लोगों की संख्या अधिक थी। वे प्रतिदिन कोई-न-कोई ऐसा षड्यंत्र रचते थे, जिससे तेनालीराम के लिए मुश्किल खड़ी हो जाती थी। लेकिन वे हर बार समस्या के बारे में अच्छी तरह सोचकर उसका ऐसा हल निकालते थे कि किसी को कोई जवाब ही नहीं सूझता था।

एक दिन एक दरबारी बोला, “महाराज, आप सदैव तेनालीराम को सबसे बुद्धिमान समझते हैं, उन्हीं से सारी समस्याओं के हल पूछते हैं, इससे अन्य बुद्धिमान

तेनालीराम महाराज, मंत्री, सेनापति और दरबारियों के साथ परकोटे के पास पहुँचे। वे बहुत ध्यान से चारों ओर घूमकर परकोटे को देखते रहे। यह देखकर कई दरबारी हँसी दबाते हुए बोले, "तेनालीराम चारों ओर चक्कर क्यों लगा रहे हो? हार क्यों नहीं मान लेते।" तभी पूरब की ओर पहुँचते ही तेनालीराम बोले, "लीजिए महाराज, मैंने परकोटे को स्पर्श किए बिना अपनी चीज इसमें अंदर डाल दी है।"

लोगों को तो अवसर ही नहीं मिल पाता और उनकी प्रतिभा आपके सामने आने से वंचित रह जाती है।" यह सुनकर महाराज कृष्णदेव राय मुसकराते हुए बोले, "अच्छा, अगर ऐसी बात है तो देर किस बात की? हम एक बुद्धि परीक्षा की प्रतियोगिता का आयोजन करा लेते हैं और उस प्रतियोगिता में जो विजयी रहेगा, उसे तेनालीराम के स्थान पर नियुक्त कर दिया जाएगा।" यह सुनकर सभी दरबारियों की बाँछें खिल उठीं। उन्हें यकीन हो गया कि अब तो पक्का तेनालीराम का पद गया और उसे दर-ब-दर की ठोकरें खाने से कोई नहीं रोक सकता। प्रतियोगिता की तैयारियाँ प्रारंभ हो गईं। प्रतियोगिता के लिए महाराज ने विजयनगर के बाहर मैदान में काँच का एक परकोटा बनवाया। उसमें न खिड़की थी, न दरवाजा। ऊपर से भी पूरा परकोटा शीशे की छत से बंद था। जब परकोटा बनकर तैयार हो गया तो महाराज ने दूर-दूर तक घोषणा करवा दी कि जो परकोटे को स्पर्श किए बिना, इसके अंदर अपनी कोई भी चीज डाल देगा, उसे तेनालीराम के स्थान पर नियुक्त कर दिया जाएगा। यह देखकर वहाँ लोगों की कतार लग गई। सभी आते और परकोटे को देखकर वापस लौट जाते। अंदर कोई वस्तु परकोटे को स्पर्श किए बिना डालना संभव ही न था। महीनों बीत गए, कोई भी इस परीक्षा में पास नहीं हो सका। तब एक मंत्री बोला, "महाराज, आपने बड़ी कठिन परीक्षा रखी है। आपने जानबूझकर ऐसा किया है, ताकि तेनालीराम का कोई स्थान न ले सके। इस परीक्षा में तो तेनालीराम भी पास नहीं हो सकता।"

यह सुनकर महाराज ने तेनालीराम की ओर देखा। तेनालीराम बोले, "मैं परीक्षा देने के लिए तैयार हूँ।" कुछ देर बाद तेनालीराम महाराज, मंत्री, सेनापति और दरबारियों के साथ परकोटे के पास पहुँचे। वे बहुत ध्यान से चारों ओर घूमकर परकोटे को देखते रहे। यह देखकर कई दरबारी हँसी दबाते हुए बोले, "तेनालीराम चारों ओर चक्कर क्यों लगा रहे हो? हार क्यों नहीं मान लेते।" तभी पूरब की ओर पहुँचते ही तेनालीराम बोले, "लीजिए महाराज, मैंने परकोटे को स्पर्श किए बिना अपनी चीज इसमें अंदर डाल दी है।" सभी ने देखा कि तेनालीराम की परछाईं शीशे

से छनकर परकोटे के अंदर पड़ रही थी। यह देखकर महाराज खुशी से उछल पड़े और बोले, तेनालीराम के स्थान पर अब पुन: अत्यंत बुद्धिमान, धैर्यवान, चतुर और प्रतिभाशाली तेनालीराम को नियुक्त किया जाता है।" यह सुनकर सारे दरबारी अपना सा मुँह लेकर रह गए।

इस तरह तेनालीराम ने पहले परीक्षा की बारीकियों को समझा और फिर इसे हल कर सबका मुँह बंद कर दिया।

तेनाली पाठ

प्रत्येक व्यक्ति बुद्धिमान बन सकता है। इसके लिए तो आपको बस अपनी दिनचर्या में थोड़ा परिवर्तन करना होता है। अपनी बुद्धिमत्ता को बढ़ाने के लिए आप प्रत्येक दिन कोई नई चीज सीखें, दूसरों से सीखने के लिए सदैव तैयार रहें, क्योंकि एक व्यक्ति की सोच सीमित रहती है, लेकिन अनेक व्यक्तियों के विचार और सीख सोच को असीमित कर देते हैं, जिससे नए-नए विचार मस्तिष्क में आते हैं। अपने दायरे से बाहर निकलें और स्वयं को सर्वश्रेष्ठ न समझें, दूसरों के साथ सखाभाव रखते हुए ही आप अपनी बुद्धि को बढ़ा सकते हैं। अहंकारी व्यक्ति को पहले भी कोई पसंद नहीं करता था और आज भी कोई पसंद नहीं करता है। सदैव जिज्ञासु बने रहें। जिज्ञासा सफलता की कुंजी है। अपने ज्ञान को विस्तृत करने के लिए अच्छी पुस्तकें पढ़ते रहें। पुस्तकें मानसिक पोषण के लिए अनिवार्य हैं। इनके अतिरिक्त बुद्धि को बढ़ाने के लिए मानसिक क्षमता बढ़ानेवाले सवाल भी हल करते रहें।

□

8

तेनालीराम की तरह असंभव को संभव बनाएँ

असंभव की परिसीमा से परे

- असफलता और असंभव शब्द केवल मूर्खों के कोश में ही मिलता है।
—नेपोलियन बोनापार्ट

- असंभव की सीमा जानने का एक ही तरीका है, असंभव से भी आगे निकलना। *—स्वामी विवेकानंद*

क्या कभी किसी ने सोचा था कि एक दिन पुस्तकें ऑनलाइन बिकेंगी?

क्या कभी सोचा था, एक दिन बल्ब की रोशनी दुनिया बदल देगी?

क्या कभी सोचा था कि एक दिन इनसान भी आसमान की उड़ान भरेगा?

क्या कभी सोचा था कि यूट्यूब और व्हाट्सएप सोशल मीडिया में क्रांति ला देंगे?

क्या कभी सोचा था कि कंप्यूटर घर-घर की शोभा होंगे और घर से ऑफिस का काम करना संभव होगा?

ये सभी काम असंभव थे, लेकिन इन्हें कुछ लोगों ने संभव करके दिखा दिया। इतना ही नहीं, उन्होंने अपनी मेहनत और लगन से इन कामों को संभव ही नहीं किया, बल्कि वे रातोरात अमीर और प्रसिद्ध भी हो गए।

जेफ बेजोस ने एमेजॉन डॉट कॉम आरंभ करके इतिहास रच दिया। वे ऑनलाइन सेलिंग के प्रवर्तक बन गए। उन्होंने उस असंभव काम को कर दिखाया, जिसे किसी ने कभी सपने में भी नहीं सोचा होगा। मगर उन्हें यह सब चाँदी की प्लेट में रखा हुआ नहीं मिला। इसके लिए उन्होंने असंभव की परिसीमा से परे जाकर

खुद को कार्य में इतना झोंक दिया कि राह में आनेवाली हर बाधा को फूँक मारकर उड़ा दिया और स्वयं आसमान में उड़ान भरने लगे। उनकी उड़ान ने पूरी दुनिया को ऑनलाइन शापिंग करने की सुविधा प्रदान की और लोगों के कीमती समय की बचत कराई। इस तरह एक असंभव कार्य को उन्होंने संभव ही नहीं, बल्कि बड़ी आसानी से लोगों के घर तक पहुँचा दिया।

विलबर और ओरविल राइट भाइयों ने अपने उड़ने के जुनून के कारण ही उड़ने की मशीन का आविष्कार कर पूरी दुनिया में तहलका मचा दिया। आज उस उड़नेवाली मशीन, यानी हवाई जहाज के बिना अधिक दूरियाँ तय करने की कल्पना भी नहीं की जा सकती। ऐसा सिर्फ इसलिए हो पाया, क्योंकि इन दोनों भाइयों के मस्तिष्क में असंभव शब्द कभी उपजा ही न था।

अनेक लोगों के शब्दकोश में 'असंभव' शब्द नहीं था। इनमें चाणक्य, तेनालीराम, बीरबल प्रमुख थे। कोई भी कार्य असंभव नहीं होता, वह तो असंभव केवल इसलिए लगता है, क्योंकि हम अपने मस्तिष्क में एक रेखा खींच देते हैं कि उस कार्य को नहीं कर सकते अथवा यह सोच लेते हैं कि वह कार्य हमारी सीमा से परे है। जो यह ठान लेते हैं कि कार्य कितना भी मुश्किल हो, लेकिन उन्हें तो उसे करना ही है, वे सागर को चीर देते हैं, पहाड़ को तोड़ देते हैं और आसमान के सितारों को अपनी मुट्ठी में कैद कर लेते हैं।

संकल्प से असंभव को संभव बनाएँ

असंभव कार्य को अपने संकल्प से संभव बनाना मुश्किल नहीं होता। बस इसके लिए तो आपको आलोचनाओं का डटकर सामना करना होता है और लोगों की बातों से टूटने के बजाय फौलाद बनना पड़ता है। यदि आप लोगों के भय और आलोचनाओं से घबराकर झुक जाते हैं तो आप इतिहास बनाने से पहले ही मुड़ जाते हैं। मुड़ें नहीं, बल्कि मार्ग पर चलकर इतिहास बना दें, अपने कदमों से एक नई दुनिया बना दें। जब जे.के. रोलिंग हैरी पॉटर लिख रही थीं तो उन्हें अनेक लोगों ने रोका-टोका और आलोचनाओं की वर्षा से उन्हें भिगोकर तर कर दिया। लेकिन जबरदस्त आलोचनाओं की बारिश से भीगने पर भी वे काँपी नहीं और न ही रुकीं, अपने गंतव्य की ओर बढ़ती रहीं। पुस्तक पूरी होने पर इसे अनेक प्रकाशकों ने छापने से साफ इनकार कर दिया। लेकिन रोलिंग ने हिम्मत नहीं हारी। आखिर एक प्रकाशक ब्लूम्सबरी ने इसे प्रकाशित करने का निर्णय लिया और जे.के. रोलिंग के द्वारा रचित पात्र हैरी पॉटर अमर बन गया। इस तरह जे.के. रोलिंग ने असंभव को

असंभव

संभव

संभव कर दिया। 2011 में उनका नाम विश्व के सबसे अमीर लोगों की सूची में 1140वें स्थान पर था। इसी से आप समझ सकते हैं कि संकल्प से सब संभव हो जाता है और धन-यश सबकुछ प्राप्त हो जाता है। हाँ, इसकी प्राप्ति से पहले होनेवाले संघर्ष और निराशाओं के भँवर को आपको सफलतापूर्वक पार करना होता है। यदि आप उसमें डूब जाते हैं तो सदा के लिए खो जाते हैं और किनारे पर आ जाते हैं तो पूरी दुनिया में सितारा बनकर चमकते रहते हैं। तेनालीराम के सामने अनेक असंभव कामों की बौछार की जाती थी, लेकिन वे हर कठिन मार्ग पर चलने में आनंद का अनुभव करते थे, इसलिए हर असंभव काम को संभव बनाना उनके लिए चुटकियों का खेल था। जब आप कठिन और असंभव काम लगातार करते रहते हैं, उसमें सफलता पाते रहते हैं तो फिर असंभव कुछ रह ही नहीं जाता, सब संभव हो जाता है। कठिन कार्य को करते हुए समय प्रबंधन, कठोर श्रम, शांत चित्त रहें। कुछ समय बाद आप पाएँगे कि आपके लिए असंभव कुछ भी नहीं है।

असंभव को संभव बनाने के लिए तेनालीराम की निम्न युक्तियाँ अपनाएँ

विकासवादी मानसिकता—यहाँ इसका अर्थ है कि आगे बढ़ने से न डरें, मस्तिष्क को काम करने से न रोकें। विकासवादी मानसिकता के कारण विपरीत परिस्थितियाँ भी व्यक्ति को नहीं रोक पातीं और ऐसे व्यक्ति ऊँचे स्तर पर कार्य करते हुए उन परिस्थितियों को अपने अनुरूप मोड़ लेते हैं।

स्वयं में विश्वास रखें—कुछ लोग जरा सी कठिन परेशानी को देखते ही डर जाते हैं और विश्वास खो देते हैं। विश्वास व्यक्ति के अंदर की एक ऐसी ताकत है, जो उसे मरणासन्न स्थिति में भी जीवित करने की सामर्थ्य रखती है। यदि विश्वास ही नहीं होगा तो जीवन रुक जाएगा। हर असफलता एवं निराशा को विश्वास के बल पर ही दूर किया जाता है।

अनुशासन बनाए रखें—अनुशासन व्यक्ति के जीवन की एक डोर है। जो इस डोर पर नियमित चलते हैं और इसका पालन करते हैं, वे इसके माध्यम से बड़ी-से-बड़ी खाई भी पार कर जाते हैं। अनुशासन आपके उद्देश्य और मंजिल के

बीच का एक पुल है। इस पुल पर हर व्यक्ति को प्रतिदिन चलना चाहिए। यदि आपने एक दिन भी इस पुल पर चलना बंद किया तो अगले दिन दोबारा से आपको नई शुरुआत करनी पड़ेगी। अनेक लोग प्रतिदिन व्यायाम का संकल्प लेते हैं और जोश में कुछ दिन करते हैं, लेकिन फिर धीरे-धीरे आलस का शिकार होकर अनुशासन के मार्ग पर नहीं चलते। परिणामस्वरूप उन्हें कोई लाभ नहीं मिल पाता। आपका अनुशासन ही आपके भविष्य को निर्धारित करता है, इसलिए अनुशासन की आदत को जितनी जल्दी जीवन में शामिल कर लिया जाए, उतना अच्छा है। तेनालीराम सदैव अनुशासनबद्ध रहते थे। उन्होंने हास्य एवं परिहास में भी अनुशासन का पालन किया।

तेनालीराम ने जब असंभव को संभव किया

तेनालीराम कभी यह सोचते ही न थे कि कुछ ऐसा भी हो सकता है, जो असंभव है। लेकिन उनके इर्द-गिर्द रहनेवाले शत्रु हर काम को असंभव मानते थे, इसलिए वे हर बार तेनालीराम को ऐसे जाल में फँसाकर आनंद उठाते थे, लेकिन तेनालीराम उस जाल को बेहद होशियारी से काटकर मुसकराते हुए बाहर आ जाते थे और दरबारी हाथ मलते रह जाते थे।

तेनालीराम अपने स्थान पर खड़े होकर बोले, "महाराज, धूप और लू का प्रकोप कम हो जाएगा, परंतु इस काम में काफी समय लगेगा।" महाराज बोले, "समय कितना भी लगे, पर काम होना चाहिए। जब तक काम पूरा न हो जाए, अपनी शक्ल मत दिखाना।" अगले दिन तेनालीराम गायब हुए तो महीनों तक नजर नहीं आए।

महाराज कृष्णदेव राय प्रजा का हाल-चाल जानने के लिए समय-समय पर दूर-दूर के इलाकों में जाया करते थे। एक बार भीषण गरमी में उन्हें दूर के किसी प्रांत में जाना पड़ा। गरमी से उनकी बुरी हालत हो गई। समूचा राजमार्ग तवे सा तप रहा था। लू के थपेड़ों ने महाराज की हालत खराब कर दी थी। जब महाराज राजधानी लौटे तो उन्होंने मंत्री को आदेश दिया कि राजमार्ग पर पड़नेवाली धूप की तेजी कम कराओ। ऐसी व्यवस्था करो कि राजमार्ग पर कहीं भी धूप व लू का प्रकोप न हो। महाराज की बात सुनकर मंत्री हैरान हो गया। भला धूप को कैसे रोका जा सकता है ? उसने अपने सलाहकारों से भी इस बारे में राय ली, लेकिन कोई धूप के प्रकोप से बचने का उपाय न सुझा सका। जब मंत्री इस कार्य को न कर सके तो महाराज बोले, "क्या मेरे दरबार में कोई व्यक्ति ऐसा नहीं है, जो धूप के प्रकोप को कम कर दे।" सभी दरबारी नीचे मुँह करके बैठ

गए। तब महाराज ने तेनालीराम की ओर देखा। तेनालीराम अपने स्थान पर खड़े होकर बोले, "महाराज, धूप और लू का प्रकोप कम हो जाएगा, परंतु इस काम में काफी समय लगेगा।" महाराज बोले, "समय कितना भी लगे, पर काम होना चाहिए। जब तक काम पूरा न हो जाए, अपनी शक्ल मत दिखाना।" अगले दिन तेनालीराम गायब हुए तो महीनों तक नजर नहीं आए। सभी दरबारी यह सोचकर खुश हुए कि चलो, अच्छा हुआ, तेनालीराम से जान छूटी। मंत्री, पुरोहित, सेनापति सभी बहुत खुश थे कि अचानक पाँच महीनों के बाद तेनालीराम अचानक दरबार में आए और बोले, "महाराज, धूप और लू के प्रकोप को कम करने का इंतजाम कर दिया गया है।" यह बात सुनकर सभी चौंक गए। महाराज के पूछने पर तेनालीराम बोले, "महाराज, उसके लिए आपको राजमार्ग तक चलना होगा।" महाराज तेनालीराम के साथ राजमार्ग की ओर चल पड़े। उन्होंने देखा कि अब राजमार्ग के दोनों ओर घने छायादार वृक्ष लग गए थे, जिससे मार्ग ठंडा और शीतल हो गया था।

यह देखकर महाराज बोले, "तेनालीराम, वाकई तुम्हारा जवाब नहीं। तुमने राजमार्ग की गरमी कम करने का बहुत ही प्राकृतिक और नायाब तरीका ढूँढ़ निकाला और दोनों ओर वृक्ष लगवा दिए।" इसके बाद उन्होंने तेनालीराम को स्वर्ण मुद्राएँ उपहार में दीं। तेनालीराम स्वर्ण मुद्राएँ लेकर विजयी भाव से अपने घर की ओर चल दिए।

तेनाली पाठ

यदि दृढ़ संकल्प हो तो कुछ भी असंभव नहीं होता। गरीबी, अशिक्षा, असफलता, सब पर विजय पाई जा सकती है। स्वयं में विश्वास रखना व्यक्ति के अंदर एक शक्ति एवं सामर्थ्य को उत्पन्न करता है। विश्वास के बल पर व्यक्ति अकेले ही बड़े-से-बड़े युद्ध को अपनी चतुराई से जीत सकता है और हजारों को पराजित कर सकता है। बचपन से ही बच्चे के अंदर अनुशासन की आदत डालनी चाहिए और उसे यह भी समझाना चाहिए कि विकास करना ही जीवन की गति है। विकास करने से बौद्धिक तत्त्व बढ़ते हैं और व्यक्ति की समझ को बढ़ाते हैं। निरंतर विकास करने से धीरे-धीरे बाधाओं से लड़ने की आदत हो जाती है और फिर बाधाएँ ऐसी चुनौतियाँ लगने लगती हैं, जिन्हें हल करने में प्रसन्नता प्राप्त होती है। जब बाधाएँ चुनौतियाँ लगने लगें और उन्हें करने में चिंता का अनुभव न हो तो शब्दकोश से असंभव शब्द मिट जाता है और सबकुछ संभव लगने लगता है।

□

9

तेनालीराम की तरह अपनी बात कैसे मनवाएँ

बात करने की कला

- किसी बहस का सबसे अधिक लाभ उठाने का एक ही तरीका है कि उसे टाल दें।
- किसी आदमी के दिल तक जाने का सही रास्ता है, उससे उस चीज के बारे में बात करना, जिसे वह सबसे ज्यादा चाहता है। —*डेल कारनेगी*

"बेटा, सुना है, आप गीत बहुत अच्छा गाते हैं। जरा गाकर सुनाओ न।" यदि किसी छह साल के बच्चे से आप यह बात उस समय कहेंगे, जब वह अपने खिलौनों के साथ खेल रहा है तो क्या वह खेल छोड़कर आपको गीत सुनाएगा? कभी नहीं। खेल बच्चों को बेहद प्रिय होता है। खेल के सामने बच्चे दूसरी बातों को बिल्कुल ही महत्त्व नहीं देते हैं। इसके बजाय बच्चे से यदि यह कहा जाए, "तुम्हारे खिलौने तो बहुत सुंदर हैं। ऐसे ही एक खिलौने से हम भी बचपन में खेलते थे, पर वह थोड़ा इससे अलग था।" यह सुनते ही बच्चे में उस खिलौने की अलग बात जानने की जिज्ञासा उत्पन्न हो जाएगी और वह तुरंत आपके पास आकर कहेगा, "कैसे अलग था?" बस जब बच्चा आपके पास आ गया तो आप उससे न केवल गीत सुन पाएँगे, बल्कि उसकी और भी चुलबुली बातों को सुनकर स्वयं को ताजा कर पाएँगे। बातचीत एक कला है, इस बात को तो सदियों पहले सिद्ध किया जा चुका है। रामायण, महाभारत हर जगह पर आपको ऐसे उदाहरण मिलेंगे, जब अनेक पात्रों ने बातचीत के माध्यम से कार्य के हल निकाल लिये हों। भगवान् राम की बातचीत करने का तरीका इतना सहज, सरल और प्रभावी था कि बड़े-से-बड़े दानव भी उनके आगे पराजय मान लेते थे। इसी तरह

भगवान् कृष्ण चतुराई से ऐसी बातें करते थे कि छल करनेवाले स्वयं ही उसकी लपेट में आ जाते थे।

भारत में तेनालीराम, बीरबल, गोपाल भांड बातचीत की कला में माहिर थे, इसलिए वे बातों के रुख को अवसर पड़ने पर इस प्रकार मोड़ लेते थे कि हर स्थिति में पलड़ा उनका ही भारी होता था और वे अपने शत्रुओं को हरा देते थे। बातचीत के माध्यम से मात्र 90 सेकंड के अंदर ही व्यक्ति की संवाद कुशलता के साथ-साथ उसके व्यक्तित्व का भी परिचय मिल जाता है, क्योंकि इस दौरान व्यक्ति अपनी बॉडी लैंग्वेज, बोलने की शैली, हाव-भाव आदि से सबकुछ व्यक्त कर देता है। इसलिए बचपन से ही बोलने की कला पर विशेष ध्यान देना अनिवार्य है।

अपनी बात मनवाने के लिए महत्त्वपूर्ण बातों का ध्यान रखें

आप अपनी बात हर व्यक्ति से मनवा सकते हैं। उसके लिए आपकी बात में कुछ ऐसे गुण होने अनिवार्य हैं, जो लोगों को अपने मोहपाश में बाँधने की शक्ति रखते हैं। मीठा बोलने और अपनी बातों से प्रभावित करने के बीच एक महीन रेखा है। मीठा बोलनेवाला व्यक्ति केवल अपने लाभ के लिए मीठा बोलता है, जबकि अपनी बातों से प्रभावित करनेवाले व्यक्ति को देश-दुनिया के साथ-साथ सामनेवाले की भी फिक्र रहती है। मीठा बोलनेवाला व्यक्ति केवल कुछ देर के लिए अपना प्रभाव छोड़ता है, जबकि अपनी बातों से प्रभावित करनेवाला व्यक्ति जीवन भर के लिए अपनी अमिट छाप छोड़ देता है।

बातों में स्पष्टता रखें—कुछ लोगों को घुमा-फिराकर बातें कहने की आदत होती है। ऐसे लोग यदि बार-बार ऐसा करते हैं तो उनकी छवि टेढ़े-मेढ़े और ऐसे कठिन व्यक्तियों की बन जाती हैं, जिन्हें समझना मुश्किल होता है। बातों में स्पष्टता रखें। अपनी बातों को घुमा-फिराकर कहने के बजाय उन्हें स्पष्टता से कहें।

सकारात्मक वाक्य बोलें—नकारात्मक बातें करनेवाले व्यक्तियों को स्वयं नकारात्मक लोग भी पसंद नहीं करते। इसलिए सदैव बातों को सकारात्मक रूप में प्रस्तुत करें। नकारात्मक बातों को भी सकारात्मक बताकर प्रभावित करना सरल होता है।

एक रात को बादशाह अकबर ने सपना देखा कि एक दाँत को छोड़कर उनके सारे दाँत गिर गए। इस सपने ने उन्हें अत्यंत भयभीत कर दिया। उन्होंने देश भर के ज्योतिषियों को बुलाकर अपने इस सपने के बारे में पूछा और उनसे इस सपने का

परिणाम जानना चाहा। यह सुनकर सभी ज्योतिषी एक मत से बोले, "महाराज, इस सपने का अर्थ है कि आपके सभी प्रिय लोगों की मृत्यु आपके सामने हो जाएगी।" यह सुनकर बादशाह को बेहद क्रोध आया। तभी सामने से बीरबल आते दिखे। बीरबल इस सपने को सुनकर बोले, "महाराज, इस सपने का अर्थ तो बेहद शुभ है। इसका अर्थ है कि आप अत्यंत दीर्घायु होंगे और कई वर्षों तक शासन करेंगे।" यह सुनकर अकबर बेहद खुश हुए। यहाँ पर बीरबल ने चतुराई से नकारात्मक स्वप्न को भी सकारात्मक तरह से प्रस्तुत कर अकबर का मन मोह लिया।

केवल खुद ही न बोलते रहें—अपनी बात मनवाने के लिए यह सदैव ध्यान रखें कि चाहे बात कितनी ही महत्त्वपूर्ण क्यों न हो, लेकिन स्वयं ही न बोलते रहें, बल्कि सामनेवाले को भी बात रखने का बराबर अवसर प्रदान करें और उसकी भी बात को सुनें।

बातें करते समय विनम्रता एवं संबोधन की गरिमा बनाए रखें—ऐसे व्यक्तियों को कोई पसंद नहीं करता, जो बातें करते समय फूहड़ता का प्रदर्शन करते हैं। बात करते समय विनम्र रहें और अपने से बड़ों से बात करते समय सदैव संबोधन की गरिमा बनाए रखें। ओछी बातें करने से बचें।

सामनेवाले में दिलचस्पी लेकर उसकी बातें सुनें—यदि आप केवल अपनी बातों के माध्यम से ही परिणाम चाहते हैं तो ऐसा कभी नहीं होगा। मनचाहा परिणाम आपको तब प्राप्त होगा, जब आप दूसरे की बातों में दिलचस्पी लेकर उसकी बातें ध्यानपूर्वक सुनेंगे।

चतुराई से अपनी हर बात मनवाई जा सकती है

चतुराई से बातें करना	मूर्खतापूर्ण हरकतें करते हुए बातें करना
अभिवादन, शिष्टता का ध्यान रखना।	जल्दी-जल्दी अपने मतलब की बातें कह देना।

बातें करते समय मुसकराहट बनाए रखना।	बात-बात में नाक-भौं सिकोड़ना और मुँह बनाना।
बातें करते समय सामनेवाले की आँखों में देखना।	बातें करते हुए इधर-उधर देखना।
नकारात्मक बातें सुनकर भी सहज रहना।	नकारात्मक बात सुनकर अपने होश-हवाश खो देना, अपने बाल नोचने लग जाना।
सामनेवाले की बातों में पूरी दिलचस्पी लेना और अपनी राय भी देना।	केवल अपनी बातें ही बोलते जाना और सामनेवाले की बातें बिल्कुल भी न सुनना।
नकारात्मक बातों को भी शब्दों के माध्यम से सकारात्मक मोड़ पर लाना।	नकारात्मक बातें सुनकर स्वयं भी और अधिक नकारात्मक वाक्यों का प्रयोग करना।
बहस न करना और बहस से बचना।	बहस करने के लिए सदैव तैयार रहना।
चुभनेवाले वाक्यों का प्रयोग न करना।	हमेशा चुभनेवाले शब्दों का प्रयोग करना।

तेनालीराम ने महाराज के मृत्यु जैसे आदेश को अपनी बातों से कैसे बदलवाया

उसकी आवाज सुनकर पहरा देते हुए संतरी वहाँ आ धमके और उसे रँगे हाथों पकड़ लिया। अगले दिन आगबबूला राजा कृष्णदेव राय ने पिचय्या को मृत्युदंड सुना दिया। यह खबर सुनकर मंगम्मा रोने लगी और तेनाली से बोली, "कैसे भी करके मेरे भाई को बचा लीजिए। आगे से वह ऐसी कोई हरकत नहीं करेगा।" यह सुनकर तेनाली बोले, "मैं कैसे बचा लूँ। उसने चोरी की है।"

एक बार तेनालीराम की पत्नी मंगम्मा का भाई उनके घर रहने के लिए आया। तेनालीराम ने मंगम्मा के भाई पिचय्या को विजननगर के सभी शानदार स्थान दिखाने और बढ़िया फल खिलाने के बारे में सोचा। एक दिन वह पिचय्या के लिए बढ़िया फलों का टोकरा लेकर आया। उसमें सुनहरे रसीले आम, शरीफे, अनन्नास, पपीता, सेब और काजू थे। पिचय्या फलों को देखकर उन पर टूट पड़ा। फलों को मुँह में रखते ही उसका मुँह अद्‌भुत स्वाद से भर गया। वह तेनालीराम से बोला, "फल तो अत्यंत स्वादिष्ट हैं। तुम्हें ये अद्‌भुत फल कहाँ से मिले?"

तेनालीराम बोले, "ये फल राजा के बगीचे के हैं। बीजापुर के सुलतान ने अपने महल के बाग में उगे इन कलमी आमों के दस पौधे राजा को भेंट किए थे। बाकी फल पुर्तगाली लेकर आए थे। सभी फल राजा के हैं और उन्हीं के बाग में उगाए जाते हैं।" इसके बाद तेनाली बोले, "पर हाँ पिचय्या, तुम भूलकर भी उनके बाग में जाने का प्रयास न करना। जो भी उस बाग के फल चुराने की कोशिश करता है, उसे मृत्यु दंड दिया जाता है। वे कभी-कभी मुझे ऐसे फल अपनी स्वेच्छा से और इनाम में देते हैं।" यह सुनकर पिचय्या को तेनाली से ईर्ष्या हुई और उसे लगा कि तेनाली उसे चिढ़ाने के लिए यह सब कह रहा है। उसने निश्चय कर लिया कि वह बेहद सफाई से राजा के बाग से फल चुराकर लाएगा। उस रात सबके सो जाने के बाद पिचय्या चुपके से उठा और राजा के बगीचे की ओर चल दिया। अँधेरे के कारण वह बचते-बचाते बाग तक जा पहुँचा। फलों की खुशबू से वह मदहोश हो गया और आम तोड़कर खाने लगा। आमों का स्वाद लेते हुए उसके मुँह से आवाज निकल पड़ी "लाजवाब!" उसकी आवाज सुनकर पहरा देते हुए संतरी वहाँ आ धमके और उसे रँगे हाथों पकड़ लिया। अगले दिन आगबबूला राजा कृष्णदेव राय ने पिचय्या को मृत्युदंड सुना दिया। यह खबर सुनकर मंगम्मा रोने लगी और तेनाली से बोली, "कैसे भी करके मेरे भाई को बचा लीजिए। आगे से वह ऐसी कोई हरकत नहीं करेगा।" यह सुनकर तेनाली बोले, "मैं कैसे बचा लूँ। उसने चोरी की है।" मंगम्मा बोली, "मैं जानती हूँ, उसने अपराध किया है, लेकिन इतने से अपराध की सजा मृत्युदंड तो नहीं होनी चाहिए, और फिर तुम चाहो तो क्या नहीं कर सकते। तुम अपनी बातों से मृत्युदंड को भी बदलवा सकते हो।"

पत्नी की बातें सुनकर तेनालीराम राजमहल की ओर रवाना हो गया। तेनालीराम को राजमहल में देखकर महाराज क्रोध से बोले, "मुझे मालूम है, तुम क्या कहोगे? लेकिन आज मैं सौगंध खाकर कहता हूँ कि अपने साले के लिए तुम जो कहोगे, मैं वह बिल्कुल नहीं मानूँगा और कभी भी तुम्हारी उस बात को पूरा नहीं करूँगा।" यह सुनकर तेनालीराम कुछ क्षण सोचते हुए बोले, "महाराज, आप मेरे साले को मृत्युदंड दे दीजिए।" यह सुनकर महाराज चकित रह गए। फिर तुरंत उन्हें अपनी बोली गई बातें ध्यान में आईं। वे मुसकराते हुए बोले, "तेनालीराम तुम्हारी हाजिरजवाबी, बातचीत की कुशल कला की कोई बराबरी नहीं कर सकता। आज तुम अपनी बातचीत की कला और शब्दज्ञान से फिर जीत गए।" इसके बाद उन्होंने पिचय्या को रिहा कर दिया।

इस प्रकार तेनालीराम ने अपनी विनम्रता, महाराजा के प्रति सम्मानबोधक शब्दों और हाजिरजवाबी से अपने साले को मौत के मुँह में जाने से बचा लिया।

तेनाली पाठ

बातें करते समय गरिमा एवं सम्मान बनाए रखें। उल्टी-सीधी, नकारात्मक और छिछोरी बातें करनेवाले व्यक्ति न ही अपनी छाप छोड़ पाते हैं और न ही अपने कार्य को सिद्ध करा पाते हैं। अपने कार्य को सिद्ध करने के लिए बातचीत की कला का विकास करें। इसके लिए अपने अंदर ईमानदारी, स्पष्टता, सहजता, बोधगम्यता, हाजिरजवाबी, शब्दज्ञान आदि गुणों का विकास करें। ये गुण व्यक्ति की बातचीत को उच्च स्तर का बना देते हैं और फिर इनके माध्यम से व्यक्ति कठिन-से-कठिन कार्य को भी कर सकता है और हर स्थान पर अपनी कीर्ति एवं चतुराई की पताका फहरा सकता है।

□

10
लोगों को समझकर तेनालीराम की तरह जीतें

लोग दूसरों को समझने में असफल क्यों होते हैं?

- प्रत्येक व्यक्ति प्रशंसा चाहता है। —*अब्राहम लिंकन*
- सामनेवाले के नजरिए को समझने के लिए हमें यह समझना होगा कि वह क्या करने की कोशिश कर रहा है। —*हैरी ट्रूमैन*

लोगों को समझकर ही संबंध, व्यवसाय, कार्य और जीवन को खुशहाल व सफल बनाया जा सकता है। यदि यह कहा जाए कि लोगों को समझना भी एक महत्त्वपूर्ण कला है तो कोई अतिशयोक्ति नहीं होगी। जिनके पास लोगों को समझने की योग्यता होती है, वे न केवल अनेक विवादों से बचे रहते हैं, अपितु अपनी बुद्धि चातुर्य से अनेक विवादों का अंत कर देते हैं।

लोगों को समझना शिक्षित, अशिक्षित, शिक्षक, विद्यार्थी, कलाकार, व्यवसायी, कर्मचारी, अधिकारी सब के लिए जरूरी है, लेकिन यहीं पर लोग सबसे अधिक असफल होते हैं। आखिर वे कौन से कारण हैं, जब लोग व्यक्तियों को भली-भाँति समझ नहीं पाते और अपने-अपने हृदयों में छोटी-छोटी बातों पर बड़े-बड़े द्वेष पालकर बैठ जाते हैं। कई तो इन द्वेषों को जीवन भर चिपकाए रहते हैं और इन्हीं के साथ मृत्युलोक को चले जाते हैं। ऐसे कुछ कारण निम्नलिखित हैं—

दूसरों को समझने की कोशिश न करना—यह सबसे बड़ा कारण है, लोग एक-दूसरे को नहीं समझ पाते। मानव संरचना ऐसी है कि व्यक्ति हर तरह से स्वयं को सुरक्षित एवं श्रेष्ठ देखना चाहता है, लेकिन दूसरे की वह किंचित् परवाह नहीं

करता। लोग केवल अपने प्रियजनों की ही चिंता करते देखे जाते हैं। इनके अतिरिक्त अपने जीवन में आनेवाले व्यक्तियों से वे केवल स्वार्थवश बातें करते हैं और अपने काम कराते हैं। इसलिए वे उस व्यक्ति को पूरी तरह जानने का प्रयत्न ही नहीं करते। विवाहों के असफल होने का मूल कारण भी यही है कि एक-दूसरे को समझने का प्रयास न करना। वर-वधू एक-दूसरे को समझाने का प्रयत्न करते रहते हैं, लेकिन वे स्वयं एक-दूसरे को समझने का प्रयास नहीं करते, इसलिए झगड़े, क्लेश और विवाद बढ़ते जाते हैं और परिणाम भयंकर होते हैं।

दूसरे की समस्या को अपने दृष्टिकोण से न देखना—यह दूसरा बड़ा कारण है, जिसके कारण लोगों के आपसी संबंध खराब होते हैं। हर व्यक्ति अपनी परेशानी के समय यह कामना करता है कि उसके संबंधी और मित्र परेशानी सुलझाने में खुद को भूल जाएँ और केवल उसकी परेशानी पर ध्यान केंद्रित करें। लेकिन जब यही परेशानी दूसरे को होती है तो हम पर कोई प्रभाव नहीं पड़ता। ऐसा केवल मित्र अथवा संबंधियों के मामलों में ही नहीं, अपितु बच्चों के साथ भी देखने को मिलता है। इसलिए कई बच्चों के संबंध अपने माता-पिता से बिगड़ जाते हैं।

पिता बोले, "बेटा, तुम अनावश्यक बातों पर ज्यादा सोच रहे हो। ये बातें कोई मायने नहीं रखतीं। मैं बहुत व्यस्त हूँ। मुझे काम करने दो और तुम भी अपना काम करो।" पिता की बात सुनकर बेटा कुढ़कर बोला, "डैडी, आपके लिए यह सब कहना आसान है, क्योंकि न ही आप इन समस्याओं का सामना कर रहे हैं और"

एक किशोर कॉलेज में गया। उसे वहाँ पर असंख्य बातों का दबाव झेलना पड़ा। लोगों ने उसके छोटे कद पर व्यंग्य किया, उसके मित्र नहीं बने। तनाव के कारण उसे पढ़ाई में भी दिक्कतें आईं। इस तरह कॉलेज में उसका जीना दूभर हो गया। उसने अपने पिता से जब इन सब समस्याओं के समाधान के लिए कहा तो पिता बोले, "बेटा, तुम अनावश्यक बातों पर ज्यादा सोच रहे हो। ये बातें कोई मायने नहीं रखतीं। मैं बहुत व्यस्त हूँ। मुझे काम करने दो और तुम भी अपना काम करो।" पिता की बात सुनकर बेटा कुढ़कर बोला, "डैडी, आपके लिए यह सब कहना आसान है, क्योंकि न ही आप इन समस्याओं का सामना कर रहे हैं और न ही इन्हें मेरे दृष्टिकोण से देखने की कोशिश कर रहे हैं। इसके साथ ही आप अपनी इन समस्याओं को बहुत पीछे छोड़ चुके हैं।"

बिना समझे ही लोगों के बारे में अपनी इच्छानुसार राय बना लेना—यह बात असंख्य लोगों में देखने को मिलती है। वे अपने बॉस, सहयोगी एवं अन्य

व्यक्तियों के बारे में उन्हें जाने बिना ही, केवल उन्हें देखकर और दूसरों की सुनी हुई बातों के आधार पर अपनी राय बना लेते हैं। अफसोस तो यह होता है कि असंख्य बार यह राय गलत साबित होती है। इस कारण भी लोगों के अच्छे संबंध नहीं बन पाते और बिगड़ जाते हैं।

लोगों को कैसे समझें

यदि आप भी लोगों को समझना चाहते हैं तो यह पाठ आपके लिए ही है। आप इस पुस्तक में दिए गए निर्देशों के अनुसार लोगों को समझेंगे तो जीवन में संबंधों के मामले में अपनी ओर से कभी असफल नहीं होंगे। लोगों को समझने के लिए अपने अंदर कुछ बातों का समावेश करना जरूरी है—

लोगों को महत्त्वपूर्ण समझें—हर व्यक्ति जीवन में प्रशंसा पाना चाहता है, साथ ही यह अहसास भी पाना चाहता है कि वह अत्यंत महत्त्वपूर्ण है। वह व्यक्ति भी, जो विशेष गुणी अथवा चतुर नहीं है, यह आकांक्षा रखता है कि उसे एक पहचान मिले और सब लोग उस पर ध्यान दें। इसलिए लोगों को समझने के लिए उन्हें महत्त्वपूर्ण समझें और उनसे मिलते, बात करते समय उन्हें इस बात का अहसास अवश्य कराएँ कि आप उनके जीवन में बहुत महत्त्वपूर्ण हैं। केवल सकारात्मक शब्दों के माध्यम से व्यक्ति की मानसिकता को बदला जा सकता है और उनके छिपे गुण को भी बाहर निकाला जा सकता है।

व्यक्तिगत परानुभूति रखें—महान् लोगों की एक खास पहचान होती है कि वे दूसरों के साथ परानुभूति रखते हैं, अर्थात् उनके दुःख में इस तरह से साथ रहते हैं, मानो वह उनका स्वयं का दुःख हो। एक यही बात इतनी शक्तिशाली है, जो किसी को भी आपसे जुड़ने के लिए प्रेरित कर सकती है। इसलिए सदैव परानुभूति के साथ मिलें और दुःख के केवल ऊपरी शब्दों का प्रयोग न करें, संवेदनाओं के साथ जुड़ें। संवेदनाओं के तार व्यक्तियों के संबंधों को अमर बना देते हैं।

निंदा करने से बचें—व्यर्थ की निंदा भी संबंधों को बिगाड़ती है। निंदा में जो सुख मिलता है, उससे कभी कामयाबी नहीं मिल सकती। निंदा-सुख उस खेल की तरह है, जिसको खेलने के बाद आपको सिवाय हार और पश्चात्ताप के

कुछ नहीं मिलता। इस खेल में समय और ऊर्जा की बरबादी होती है, इसलिए इस खेल को खेलने से बचें। स्वयं को इतना व्यस्त रखें कि दूसरों की निंदा के लिए आपके पास समय ही न हो। व्यस्त व्यक्ति कभी भी निंदा जैसे कार्यों में अपना समय बरबाद नहीं करते।

लोगों को समझने से क्या लाभ

लोगों को समझने से आपका जीवन जीते जी स्वर्ग बन जाता है। अनावश्यक विवाद मिट जाते हैं। आपकी मदद के लिए सदैव असंख्य लोग आपके साथ खड़े होते हैं। आप कभी भी स्वयं को अकेला और हारा हुआ महसूस नहीं करते, क्योंकि ऐसे लोग आपके सामने एक मजबूत शृंखला बनकर खड़े हो जाते हैं और आपको हर परेशानी एवं पीड़ा से उबार लेते हैं। जीवन भर किसी का साथ चाहने के लिए केवल उन पर जरा सा अधिक ध्यान देने की जरूरत होती है, उन्हें अधिक सुनने की जरूरत होती है, ताकि वे आपसे हृदय की गहराइयों से जुड़ जाएँ। पेनसिल्वेनिया यूनिवर्सिटी में मेडिकल डॉक्टर और मनोचिकित्सा के प्रोफेसर डेविड बर्न्स ने कहा था—"विश्वास दिलाने के लिए बात करते समय आप सबसे बड़ी गलती यह कर सकते हैं कि आप अपने विचारों तथा भावनाओं को व्यक्त करने को ही सर्वोच्च प्राथमिकता दें। अधिकांश लोग जो सचमुच चाहते हैं, वह यह है कि उन्हें सुना जाए, उन्हें समझा जाए और उनका सम्मान किया जाए।"

लोगों को समझने से आपके अंदर से नकारात्मकता बाहर निकल जाती है और आप तन-मन से पूरी तरह एक ऐसे इनसान बन जाते हैं, जिनका साथ पाने के लिए प्रत्येक व्यक्ति लालायित रहता है। हर व्यक्ति उसी को पसंद करता है, जिसका साथ उसे सुरक्षा, मदद एवं एक अच्छी कंपनी का अहसास कराए। तेनालीराम इसलिए जन-जन को प्रिय थे, क्योंकि वे लोगों को समझकर ऐसे समाधान करते थे कि सभी उनकी वाहवाही किए बिना नहीं रहते थे। इतना ही नहीं, वे बच्चों को भी उन्हीं के तरीके से, मासूमियत से समझाते थे और सफलता पाते थे।

तेनालीराम ने बच्चों को जब उन्हीं की भाषा में पाठ पढ़ाया

तेनालीराम ने हंपी में नया घर लिया। लेकिन कुछ ही दिनों में वे बुरी तरह परेशान हो गए। दरअसल वहाँ पर बच्चे देर रात तक खेलते रहते और उनके आराम में व्यवधान उत्पन्न करते। तेनालीराम इस बात को भली-भाँति समझते थे कि बच्चे हठी होते हैं और उन्हें आसानी से किसी भी बात के लिए समझाना मुश्किल होता

है। उन्होंने बच्चों की समझ के अनुरूप एक योजना बनाई और बच्चों को अपने घर पर बुलाया। वे बच्चों से बोले, "मुझे बच्चों के खेल छुपम-छुपाई, गिल्ली-डंडा, कबड्डी, दौड़ आदि बहुत पसंद हैं। जब तुम इन खेलों को खेलते हो तो मुझे अपना बचपन याद आ जाता है। अगर तुम इन खेलों को रोज रात को नियम से खेलते रहो तो मैं हर सप्ताह तुम्हारी टीम को पाँच सोने की मोहरें दूँगा।" यह सुनकर बच्चे बहुत खुश हुए। उन्हें तो खेलने के साथ-साथ पैसे भी मिल रहे थे। वे खुशी-खुशी राजी हो गए और प्रतिदिन उत्साहित होकर खेलने लगे। एक सप्ताह बीतने पर वे तेनालीराम के पास आए। तेनालीराम ने उन्हें पाँच स्वर्ण मुद्राएँ देते हुए कहा, "वाकई आनंद आ जाता है, जब तुम सब खेलते हो।" दूसरे सप्ताह बच्चे जब स्वर्ण मुद्राएँ लेने पहुँचे तो तेनालीराम उन्हें तीन स्वर्ण मुद्रा देते हुए बोले, "इस बार मेरे पास केवल तीन ही स्वर्ण मुद्राएँ हैं।" तीसरा सप्ताह बीत गया। तीसरे सप्ताह तेनालीराम ने बच्चों को केवल एक स्वर्ण मुद्रा पकड़ाई और बोले, "अब मैं तुम्हें केवल एक ही स्वर्ण मुद्रा दे पाऊँगा।" यह सुनकर बच्चों का मुँह उतर गया। एक स्वर्ण मुद्रा लेने के बाद बच्चों की टोली आपस में बोली, "यह तो न्याय नहीं है कि हम इनके आनंद के लिए खेलें और ये केवल हमें पाँच के स्थान पर एक मुद्रा दें। हम पूरे जोश और उत्साह में इनके घर के आगे मुफ्त में क्यों खेलें? अब से हम इनके घर के आसपास बिल्कुल नहीं खेलेंगे; खेलने का स्थान कहीं और चुन लेंगे।" पूरी टोली ने इस बात से सहमति जताई। तेनालीराम कोने में खड़े इन बच्चों की टोली की सारी बातें सुन रहे थे। सारी बातें सुनकर वे बोले, "केवल लोगों और बच्चों को समझकर हर मुश्किल से मुश्किल काम को भी कितनी सरलता से हल किया जा सकता है।" इसके बाद वे घर के अंदर जाकर चैन की नींद सो गए और हर रात को मीठी नींद लेने लगे।

तेनाली पाठ

लोग यदि एक-दूसरे को अच्छी तरह समझें तो वे जीवन भर के लिए एक-दूसरे का साथ पा सकते हैं। व्यक्ति एक सामाजिक प्राणी है, वह अकेले जीवन व्यतीत नहीं कर सकता। लड़ने-झगड़ने से न केवल विवादों का जन्म होता है, अपितु व्यक्ति अकेला भी पड़ जाता है। इसलिए जीवन को भरपूर जीने के लिए इसमें एक-दूसरे के साथ प्रेम से रहना आवश्यक है, लोगों को समझना जरूरी है और उनकी मुसीबत में इस तरह से मदद करना जरूरी है, जैसे कि वह स्वयं की आपदा हो। व्यक्ति के ये कुछ गुण उसे हर स्थान पर विजय दिलाने की सामर्थ्य रखते हैं।

□

11

तेनालीराम की तरह दूसरे लोगों को सशक्त बनाएँ, सफलता पाएँ

दूसरों को सशक्त कैसे बनाएँ?

- आदान-प्रदान का सिद्धांत एक कूटनीति है कि आप सिर्फ एक दें और दस ले लें। *—मार्क ट्वेन*
- जब लोग दूसरों के खिलाफ काम करने के बजाय उनके साथ काम करते हैं तो उन्हें ज्यादा सफलता मिलती है। *—डॉ. ऐलन फ्रॉमे*

समाज में कुछ लोग सशक्त, औसत एवं अशक्त होते हैं। सशक्त लोगों में मूलत: वे सभी आते हैं, जो चतुर, संपन्न और सुखी कहे जाते हैं। ऐसे लोगों का समाज के प्रति यह कर्तव्य है कि वे अपने आस-पास के लोगों को तन-मन से सशक्त बनाएँ और उन्हें राह दिखाएँ। सशक्त लोगों की प्रवृत्ति इस प्रकार होनी चाहिए कि उनके पास पत्थर भी आ जाए तो वे उसे भी एक पारस में परिवर्तित कर दें। पौराणिक काल से ही हम देखते आ रहे हैं कि राम, कृष्ण ने अपने सशक्त व्यक्तित्व और कार्यों से सदैव दूसरे लोगों को सशक्त बनाने के लिए मार्ग छोड़ दिए। मर्यादा पुरुषोत्तम राम हमारी संस्कृति की अनमोल धरोहर हैं। आनेवाली पीढ़ियाँ सदैव राम के चरित्र से इस बात को समझती रहेंगी कि राम ने सदैव कमजोर लोगों को सशक्त बनाने में अपना संपूर्ण जीवन समर्पित कर दिया।

राम के वन में चले जाने के कुछ ही समय बाद कैकेयी को अपनी भूल का अहसास हो गया था और वे पश्चात्ताप की अग्नि में जल रही थीं। कैकेयी तनुज

भरत ने राजा बनने से साफ इनकार कर दिया। इतना ही नहीं, माताएँ एवं भरत राम को वन से लौटा लाने के लिए भी गए, लेकिन राम नहीं लौटे।

यहाँ पर हम यह सोच सकते हैं कि जब धीरे-धीरे सारी स्थितियाँ राम के अनुकूल हो गई थीं, तब भी उन्होंने 14 वर्षों तक वन में भटकना क्यों स्वीकार किया ?

इसका सरल जवाब है कि यदि राम लौट आते तो शायद भारतीय संस्कृति के महानायक नहीं होते और यहाँ पर उनका जिक्र नहीं आता। राम के अंदर अपने संकल्प, लक्ष्य के लिए जूझने की प्रवृत्ति थी। वे एक बार कठिन मार्ग पर जाकर वहाँ से मुड़ना तब तक उचित नहीं समझते थे, जब तक उस मार्ग को पार कर न लें। इतना ही नहीं, अपने मार्ग में आनेवाले व्यक्तियों को सशक्त बनाकर, अपनी शरण में लेकर उन्होंने उनके व्यक्तित्व को भी महान् बना दिया। सुग्रीव, विभीषण इसके श्रेष्ठ उदाहरण हैं।

उपरोक्त बातों से यह अर्थ निकलता है कि सशक्त व्यक्ति के प्रभावक्षेत्र में आनेवाले लोग कला की भाँति होते हैं, जब वे किसी चतुर, ईमानदार, चरित्रवान कलाकार के हाथों में आ जाते हैं तो निखर उठते हैं और अपने व्यक्तित्व से पूरे विश्व को महका देते हैं।

हिमा दास को यदि उसके कोच निपॉन ने नहीं पहचाना होता तो आज हिमा इतनी सशक्त नहीं होती। दूसरों को सशक्त बनानेवाले लोग सदैव पूजनीय होते हैं। वे मानवीयता की चरम सीमा को छू लेते हैं।

दूसरों को सशक्त बनाने के लाभ

वे व्यक्ति, जो सदैव दूसरों को सशक्त बनाने के लिए तत्पर रहते हैं, अपने व्यक्तित्व को और निखारते रहते हैं। दूसरे व्यक्ति को सशक्त बनाने से केवल वह व्यक्ति ही प्रभावित नहीं होता, जिसे सशक्त बनाया जा रहा है, बल्कि उसके आस-पास के लोग भी प्रभावित होते हैं। इस तरह दूसरों को सशक्त बनाने की प्रक्रिया में व्यक्ति दूर-दूर तक अपनी आदर्श छवि बना लेता है और अनेक व्यक्ति उसके पास आने के लिए लालायित रहते हैं। वहीं वह व्यक्ति जो केवल स्वयं को ही सशक्त बनाने में लगा रहता है और मन में यह सोचता है कि उसकी योग्यता किसी दूसरे में न आए, ऐसे लोग तरक्की नहीं कर पाते।

एक कंपनी में सहायक मैनेजर बहुत मेहनती था। वह दिन-रात मेहनत करता था। उसकी मेहनत से कंपनी को लाभ भी होता था, लेकिन उसके अंदर सदैव

यही इच्छा रहती थी कि उसके गुण एवं कार्य करने की तकनीक किसी दूसरे को ज्ञात न हो जाए। वह इस बार की प्रमोशन लिस्ट का बेसब्री से इंतजार कर रहा था, क्योंकि उसे आशा थी कि इस बार उसकी प्रतिभा के बल पर उसे मैनेजर बना दिया जाएगा। प्रमोशन लिस्ट में उससे जूनियर को प्रमोशन दे दी गई, लेकिन वह सहायक मैनेजर ही बना रहा। परिणाम जानकर उसे बहुत धक्का लगा। उसने कंपनी के मालिक से पूछा, "मेरे काम की तो किसी से कोई तुलना ही नहीं है, फिर मुझे प्रमोशन क्यों नहीं दी गई?" इस पर मालिक मुसकराकर बोला, "इसलिए नहीं दी गई यंग मैन, क्योंकि सहायक मैनेजर के पद पर तुम्हारे सिवा किसी में ऐसी योग्यता नहीं पाई गई, जो इस पद को अच्छे से सँभाल सके। यदि तुम अपने किसी जूनियर को इस पद की जिम्मेदारी और कार्य की बारीकियाँ बता देते तो इसमें कोई दो राय नहीं कि मैनेजर तुम ही बनते।" यह सुनकर सहायक मैनेजर अपना माथा पकड़कर बैठ गया। सशक्त व्यक्ति कामयाब तभी कहलाता है, जब वह दूसरों को साथ लेकर चलता है और उन्हें मार्ग दिखाता है।

टॉर्च यदि अँधेरे में मार्ग न दिखाए तो उसका क्या लाभ? इसी तरह सशक्त व्यक्ति यदि कमजोरों को सशक्त न बनाए तो समाज को उससे भी कोई लाभ नहीं है। सशक्त व्यक्ति की प्रगति तभी संभव है, जब वह अपने गुणों से कमजोरों को निखारे और उनके व्यक्तित्व को मजबूत बना दे।

दूसरों को सशक्त बनाने के लिए आपके अंदर निम्न गुण होने चाहिए

दूसरों को सशक्त बनाना तभी संभव है, जब आप स्वयं सक्षम एवं मजबूत हों। जो तैराक स्वयं नदी पार न कर पाए, वह दूसरों को तैराना कैसे सिखा सकता है! इसलिए सशक्त होने के लिए प्रत्येक व्यक्ति में कुछ गुण होने अनिवार्य हैं—

दृढ़ संकल्प—दृढ़ संकल्प एक ऐसी ताकत है, जो व्यक्ति को हर परिस्थिति में मजबूत बनाए रखती है। वह व्यक्ति, जो तेज हवा के बहाव में बह जाता है, आँधी के प्रकोप को बरदाश्त नहीं कर सकता। आँधी के प्रकोप को बरदाश्त करने के लिए दृढ़ संकल्प होना जरूरी है। संकल्प व्यक्ति को पीछे मुड़ने से और बाधा के सामने हार मानने से रोकता है एवं उसे निरंतर आगे बढ़ने के लिए प्रेरित करता है।

ज्ञान—जब आपको कार्य एवं जानकारी का ज्ञान होगा, तभी आप दूसरों को उसे दे पाएँगे। आधी अधूरी जानकारी देने से बचें और अपने ज्ञान को परिमार्जित करते रहें। ज्ञान को बढ़ाने के लिए अच्छी पुस्तकें पढ़ें, सकारात्मक लोगों के साथ रहें, प्रेरक विचार सुनें।

धैर्यवान रहें—धैर्य एक ऐसा गुण है, जो लोगों में कम देखने को मिलता है। इसी के कारण वे न स्वयं सशक्त हो पाते हैं और न ही दूसरों को सशक्त कर पाते हैं। धैर्य रखने से कई बार बड़ी समस्याएँ अपने आप टल जाती हैं।

क्रोध से दूर रहें—क्रोध एक ऐसी चिनगारी है, जिसमें व्यक्ति स्वयं ही जल जाता है। बात-बात पर क्रोधित होने से दिमाग काम करना बंद कर देता है। इसलिए क्रोधाग्नि को अपने व्यक्तित्व का अंग कतई न बनाएँ।

आलस से दूर रहें—जो व्यक्ति आलस का शिकार होते हैं, वे किसी भी कार्य को अच्छी तरह नहीं कर पाते। इसलिए आलस से दूर रहें। आलस भगाने का सबसे अच्छा तरीका यह है कि अपने जीवन का एक बड़ा लक्ष्य निर्धारित करें और फिर उस लक्ष्य को पूरा करने में व्यस्त रहें। व्यस्त होने पर चिंता, क्रोध और आलस किसी का बोध नहीं रहता, केवल अपने लक्ष्य पर नजर रहती है।

तेनालीराम के पास अनेक ऐसे मामले आते थे, जिसमें निर्बल लोगों को सबल लोगों द्वारा सताया जाता था। ऐसे में वे अपनी हाजिरजवाबी से ऐसी स्थितियाँ उत्पन्न कर देते थे कि निर्बल सबल बनकर सामने आता था और सबल हाथ मलता रह जाता था।

तेनालीराम ने गरीब किसान को सशक्त बनाया और मुर्गीखाने के मालिक को दबे पाँव भगाया

एक दिन तेनालीराम बाजार से गुजर रहे थे। वहाँ उन्होंने देखा कि एक मुर्गीखाने के आगे भारी भीड़ लगी हुई थी और शोर हो रहा था। तेनालीराम ने जब मामला जाना तो पता लगा कि एक गरीब किसान से गलती से अनाज का भारी बोरा मुर्गी पर गिर गया और मुर्गी मर गई। छोटी सी मुर्गी के मुर्गीखाने का मालिक पचास सोने के सिक्के माँग रहा था। गरीब किसान बार-बार मुर्गीखाने के मालिक से हाथ जोड़कर माफी माँग रहा था और कह रहा था, "मैं गरीब आदमी हूँ। इतने पैसे कहाँ से लाऊँगा?" मुर्गी का मालिक बोला, "अगर मेरी मुर्गी जीवित रहती तो दो सालों में यह पचास सिक्कों के बराबर की मोटी ताजी मुर्गी बन जाती।"

सारी बात जानकर तेनालीराम मुर्गीखाने के मालिक के पास पहुँचे। तेनालीराम को देखते ही लोग बोले, "तेनाली आ गया, अब तो दूध-का-दूध और पानी-का-पानी हो जाएगा।" तेनालीराम ने किसान की ओर देखा। बेचारे किसान की डर के मारे घिग्घी बँधी हुई थी। किसान से तेनालीराम बोले, "तुम इसे पचास सोने के सिक्के दे दो, क्योंकि इसकी मुर्गी मरी है और यह कहता है कि उसकी कीमत पचास सोने के सिक्के हैं।"

यह सुनकर सभी लोग तेनालीराम की ओर देखने लगे कि भला यह कैसा न्याय है ? यह सुनते ही मुर्गी का मालिक खुश होकर बोला, "तेनाली, वाकई तुम्हारा न्याय सदैव सही होता है।" मालिक की बात सुनकर तेनाली बोले, "हाँ भाई, मेरा न्याय सही ही होता है। पर यह बताओ कि तुम्हारी मुर्गी साल भर में कितना बोरी दाना खा जाती।" मुर्गी का मालिक बोला, "एक साल में लगभग एक बोरी दाना तो खा ही जाती, उसकी खुराक अच्छी थी।" यह सुनकर तेनाली तपाक से बोले, "इसका मतलब साल में वह मुर्गी कुल दो बोरे दाना खाती। अब वह मुर्गी तो रही नहीं तो तुम दाने की दो बोरी इस किसान को दे दो। हिसाब बराबर।" यह सुनते ही मुर्गी के मालिक की सिट्टी-पिट्टी गुम हो गई। दो बोरी दानों की कीमत पचास सिक्कों से कहीं अधिक थी। उसने तुरंत गरीब किसान से मुर्गी के एवज में कुछ भी लेने से इनकार कर दिया। इस तरह गरीब किसान को तेनालीराम ने अपनी बुद्धि से बचा लिया और यह भी सीख दी कि वह कमजोर बनकर न रहे। आत्मविश्वास के साथ हर समस्या का सामना करे और उसे हल करे। किसान ने वादा किया कि आगे से वह ऐसा ही करेगा। इस प्रकार तेनालीराम अवसर मिलने पर लोगों को सशक्त बनाने के लिए सदैव आगे रहते थे।

तेनाली पाठ

हर व्यक्ति को अपने से कमजोर एवं निर्बल लोगों की न केवल मदद करनी चाहिए, बल्कि उन्हें सशक्त बनाना चाहिए। जो लोग दूसरों की मदद करते हैं और उन्हें मानसिक रूप से मजबूत बनाते हैं, वे समाज में सदैव आगे बढ़ते हैं। ऐसे लोग परिवार, समाज और देश सभी का नाम रोशन करते हैं। किसी को सशक्त बनाते समय अपने मन में कभी भी यह धारणा नहीं बनानी चाहिए कि उससे भविष्य में कोई लाभ होगा। निस्स्वार्थ भाव से जो निर्बल को सबल बनाते हैं, वे ही सच्चे अर्थों में इनसानियत को निभाते हैं।

□

12

योग्यता बुनें और सफल बनें

योग्यता क्या है ?

- यदि तुम अपने आपको योग्य बना लो तो सहायता स्वयमेव तुम्हें आ मिलेगी। *—स्वामी रामतीर्थ*
- असंख्य लोग ऐसे हैं, जो अगणित योग्यताओं से संपन्न होने पर भी निम्न स्तर के या मध्यम स्तर के ही रह गए हैं। उन्हें यदि संशय पंगु न बना देता तो वे महान् सफलता प्राप्त करते, पर उनमें यह विश्वास न था कि उनमें योग्यता है। *—स्वेट मार्डन*

आपको कौन सा व्यक्ति सबसे अधिक प्रिय है। इन प्रिय व्यक्तियों में आपके घर-परिवार के सदस्य नहीं होने चाहिए, क्योंकि वे तो आपको प्रिय होते ही हैं, फिर चाहे वे योग्य हों अथवा अयोग्य। यहाँ पर आपको उन व्यक्तियों के बारे में सोचना है, जिनसे आपका नजदीकी संबंध नहीं है, लेकिन कार्य और व्यापार के चलते आपका उनसे मिलना-जुलना होता रहता है। आँख बंद कर ध्यान कीजिए, अपने मिलने-जुलने वालों का और फिर एक उस चेहरे को अपने सामने लाएँ, जो आपको सबसे अधिक अच्छा लगता है।

उस चेहरे को सामने लाने के बाद अब यह विचार कीजिए कि अनगिनत लोगों में वह ही आपको सबसे अधिक प्रिय क्यों है ? विचार कर लेने के उपरांत आपका परिणाम यही आएगा, क्योंकि वह सबसे अधिक योग्य है और हर कार्य को अपनी योग्यता से पूरा कर लेता है। योग्यता क्या है ? ऐसा क्यों है कि कुछ लोग बेहद योग्य हैं और कुछ अयोग्य। किसी व्यक्ति की कार्य करने की चतुराई और कौशल को योग्यता कहा जाता है। ऐसे व्यक्तियों में तेनालीराम, चाणक्य और बीरबल का

नाम सबसे पहले मस्तिष्क में आता है, क्योंकि इन्होंने अपनी योग्यताओं से न केवल देशभक्ति का परिचय दिया, अपितु समय-समय पर अपने राजाओं को शत्रुओं से केवल अपनी योग्यता के बल पर ही बचाया। चाणक्य का नाम अमर है। उन्होंने तो 'अर्थशास्त्र' में राजनीति के ऐसे सूत्र गढ़े हैं, जो प्रत्येक व्यक्ति को योग्य बना सकते हैं। इसी तरह तेनालीराम और बीरबल की कहानियाँ भी लोगों की योग्यता को बढ़ाने में मदद कर सकती हैं। ये सभी लोग योग्य इसलिए थे, क्योंकि ये प्रत्येक कार्य को क्रमबद्ध तरीके से, सूझ-बूझ के साथ और समय-योजना बनाकर करते थे।

ये सभी शिक्षित और विद्वान् व्यक्ति थे। शिक्षा के साथ-साथ कई बार योग्यता का विस्तार भी स्वाभाविक रूप से होता है। इसलिए अब सभी स्थानों पर नौकरी के लिए आवेदन करते समय डिग्री, शोध एवं उच्च शिक्षा को योग्यता ही माना जाता है और आवेदन माँगते समय भी यही लिखा जाता है। वैज्ञानिक की नौकरी के आवेदन माँगते समय योग्यता कुछ इस प्रकार माँगी जाती है—

पद—वैज्ञानिक एवं इंजीनियर।

योग्यता—12वीं कक्षा साइंस और गणित के साथ पास होना अनिवार्य, बी.ई./बी.टेक./बी.एस-सी. (इंजीनियरिंग), एम.एस-सी., एम.फिल., पी-एच.डी. डिग्री होनी चाहिए।

ये शैक्षिक योग्यताएँ कही जाती हैं। शैक्षिक योग्यताओं के अलावा व्यक्ति के अंदर अन्य योग्यताएँ भी होनी चाहिए। शैक्षिक योग्यताओं के साथ यदि व्यक्ति के अंदर अन्य योग्यताओं का भी समावेश हो जाए तो उस व्यक्ति को सफल होने से दुनिया की कोई ताकत नहीं रोक सकती।

योग्यता की कसौटी

कई बार ऐसा भी होता है कि एक व्यक्ति शैक्षिक योग्यता प्राप्त करने के बाद भी असफल रहता है, ऐसा इसलिए, क्योंकि उसके अंदर अन्य योग्यताओं का विकास ही नहीं हो पाता। इसलिए कई बार अशिक्षित एवं कम शिक्षित व्यक्ति भी उन शिखरों पर पहुँच जाते हैं, जहाँ पर पहुँचना असंभव होता है, क्योंकि उनके अंदर अन्य योग्यताएँ कूट-कूटकर भरी होती हैं। हिम्मताराम भांभू, तुलसी गौड़ा और मोहम्मद शरीफ इन तीनों में सबसे बड़ी समानता यह है कि इन्हें वर्ष 2020 में इनके अद्भुत कामों के लिए 'पद्मश्री' से सम्मानित किया गया है। ये लोग अधिक शिक्षित नहीं हैं, मगर इनकी मानवीय योग्यताओं ने इन्हें पद्मश्री के योग्य बना दिया।

नागौर जिले के हिम्मताराम भांभू ने 30 वर्षों में 5 लाख से अधिक पौधे लगाए हैं। उन्होंने अपने गाँव के निकट ही 25 बीघा जमीन लेकर उसमें 11 हजार पौधे लगाकर उन्हें जंगल का रूप दिया और लोगों को पर्यावरण का महत्त्व समझाया। पर्यावरण के बिना मनुष्य-जीवन असंभव है, उसमें संतुलन होना अनिवार्य है।

कर्नाटक के होनाली गाँव में रहनेवाली तुलसी गौड़ा अपने जीवन में कभी स्कूल नहीं गईं, लेकिन पेड़-पौधों की देखभाल और उनके प्रति अटूट लगाव ने उनकी योग्यता को कुछ इस कदर बढ़ा दिया कि उन्हें आज 'जंगल की एनसाइक्लोपीडिया' के नाम से जाना जाता है।

मोहम्मद शरीफ ने तो मानवीयता की गरिमा को इतनी ऊँचाई पर पहुँचा दिया कि उनके आगे नतमस्तक होने का मन करता है। एक दुर्घटना में उनके बेटे की मौत हो गई और पहचान न होने पर उसका अंतिम संस्कार लावारिसों की भाँति कर दिया गया। जब यह सूचना शरीफ चचा को मिली तो उनकी संवेदनाएँ चीत्कारकर उठीं। उन्होंने उसी समय संकल्प लिया कि वे लावारिस शवों का उनके धर्मानुसार अंतिम संस्कार करेंगे। वे अपने उस संकल्प को आज तक निभाते आ रहे हैं। 27 वर्षों में वे करीब पाँच हजार शवों का उनके रीति-रिवाज के अनुरूप अंतिम संस्कार कर चुके हैं।

अब तो आप समझ ही गए होंगे कि व्यक्ति की सबसे बड़ी योग्यताएँ क्या हैं?

व्यक्ति की सबसे बड़ी योग्यता अपने देश से प्रेम करना, मानवीय संवेदनाओं को समझना और सकारात्मक सोच के साथ आगे बढ़ना है। जो व्यक्ति इन तीनों योग्यताओं की कसौटी पर खरे उतरते हैं, वे सदैव एक सार्थक जीवन जीते हैं।

योग्य व्यक्ति की बात को क्यों मान लिया जाता है

योग्य व्यक्ति की बात को इसलिए मान लिया जाता है, क्योंकि उसके अंदर सकारात्मक भाव होते हैं। सकारात्मक भाव, देशभक्ति की भावना एवं मानवीय संवेदनाएँ उसे कभी गलत मार्ग की ओर प्रेरित कर ही नहीं सकतीं। जिस व्यक्ति के अंदर इन तीनों योग्यताओं का समावेश होता है, वह सदैव कल्याण के लिए कार्य करता है। ऐसे व्यक्ति अधिकतर सफल भी होते हैं। जीवन में हर व्यक्ति, कंपनी और व्यवसाय सफल होना चाहता है। जब वह अपने इर्द-गिर्द ऐसे योग्य व्यक्तियों को देखता है तो उन्हें अपने ग्रुप एवं टीम में शामिल करना चाहता है। जब ऐसे लोग किसी कंपनी, व्यवसाय अथवा व्यक्ति के लिए कार्य करते हैं तो वे अधिकतर सफल होते हैं, क्योंकि उनके कार्य करने में देशहित, ईमानदारी, कठोर परिश्रम, सभी

का सम्मिश्रण होता है। हर व्यक्ति यह कामना करता है कि उसके साथ योग्य व्यक्ति जुड़े रहें। मगर कैसा हो, यदि आप स्वयं योग्य बन जाएँ और अनेक लोग आपसे जुड़े रहने की कामना करें। यह कार्य संभव है, बस इसके लिए योग्य और अयोग्य के भेद को समझकर स्वयं को योग्य बनाएँ।

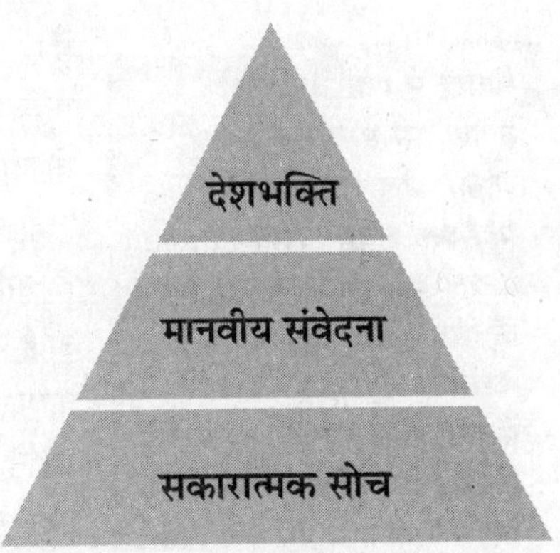

योग्य	अयोग्य
सदैव देशहित की कामना करता है।	केवल स्वार्थ-हित देखता है।
परिश्रमी होता है।	केवल अपने हित के लिए श्रम करता है।
सदैव लोगों की मदद के लिए तैयार रहता है।	लोगों की मदद करने से मना कर देता है।
लोगों की प्रशंसा करता है।	सदैव दूसरे लोगों में खोट निकालता है।
दूसरों से सीखने को सदैव तैयार रहता है।	स्वयं को सर्वश्रेष्ठ समझता है और सीखने के लिए आसानी से तैयार नहीं होता।

तेनालीराम ने अपनी योग्यता से जब महाराज कृष्णदेव राय को गलत साबित किया

एक बार महाराज कृष्णदेव राय और तेनालीराम में बहस छिड़ गई कि लोग किसी की बात पर जल्दी विश्वास कर लेते हैं या नहीं। तेनालीराम का कहना था कि लोगों को आसानी से बेवकूफ बनाकर अपनी बात मनवाई जा सकती है। महाराज बोले, "मैं ऐसा नहीं मानता। मुझे लगता है कि लोगों से अपनी बात मनवाना आसान नहीं।" इस पर तेनालीराम बोले, "महाराज! मैं अपने अनुभव से कह रहा हूँ कि यदि आप में योग्यता है तो आप सामनेवाले से असंभव कार्य भी करवा सकते हैं। बल्कि मैं तो यहाँ तक कहूँगा कि यदि मैं चाहूँ तो आप पर किसी से जूता भी फिंकवा सकता

विवाह से एक दिन पहले तेनालीराम सरदार के पास जाकर बोले, "महाराज के यहाँ एक अद्‌भुत रिवाज है कि विवाह की सभी रस्में पूरी होने के बाद दुलहन अपने पाँव की मखमली जूती दूल्हे की ओर फेंकती है। ऐसा माना जाता है कि इस रिवाज को मन से करने पर पति-पत्नी में प्रेम बना रहता है और कभी झगड़ा नहीं होता।"

हूँ।" यह सुनते ही महाराज का गुस्सा चरम पर पहुँच गया। वे बोले, "तेनालीराम, तुम होश में तो हो। क्या कह रहे हो?" तेनालीराम बोले, "जी महाराज, मैं आपकी बात से सहमत नहीं हूँ और मैं इसे साबित भी कर दूँगा।" बात आई-गई हो गई। कई दिन बीत गए। महाराज कृष्णदेव राय इस बात को भूल भी गए। दो महीने बाद कृष्णदेव राय का कुर्ग प्रदेश के एक पहाड़ी सरदार की बेटी से विवाह तय हुआ। पहाड़ी इलाके के सरदार को महाराज के परिवार के रीति-रिवाजों का कोई ज्ञान न था। इस मौके को तेनालीराम ने हाथोहाथ लिया। वे सरदार के पास जाकर बोले, "आप चिंता न करें, रीति-रिवाजों के समय मैं आपके साथ-साथ रहूँगा और आपकी पूरी मदद करूँगा।" यह सुनकर सरदार निश्चिंत हो गया। विवाह से एक दिन पहले तेनालीराम सरदार के पास जाकर बोले, "महाराज के यहाँ एक अद्‌भुत रिवाज है कि विवाह की सभी रस्में पूरी होने के बाद दुलहन अपने पाँव की मखमली जूती दूल्हे की ओर फेंकती है। ऐसा माना जाता है कि इस रिवाज को मन से करने पर पति-पत्नी में प्रेम बना रहता है और कभी झगड़ा नहीं होता।" सरदार इस अजीब से रिवाज को सुनकर हैरान रह गया, लेकिन उसने तेनालीराम की चतुराई के अनेक किस्से सुने हुए थे, इसके साथ ही तेनालीराम ने उसे हर बात इतनी सहजता से बताई थी कि शक की कहीं गुंजाइश ही न थी। निर्धारित समय पर विवाह संपन्न हो गया। विवाह की सभी रस्में पूरी होने पर दुलहन ने अपने पाँव से मखमल की जूती उतारी और मुसकराते हुए कृष्णदेव राय पर फेंक मारी। यह हरकत होते ही हर ओर खलबली मच गई। महाराज आँखें तरेरकर बोले, "यह क्या बदतमीजी है?" बात आगे बढ़े, इससे पहले ही तेनालीराम सिर झुकाकर बोले, "महाराज, अब तो आप मान गए न कि लोगों से अपनी बात मनवाना बेहद सरल है, बस इसके लिए व्यक्ति योग्य होना चाहिए।" यह सुनते ही महाराज को दो माह पहले की बात याद आ गई। यह याद आते ही उनके चेहरे पर मुसकराहट फैल गई। वे बोले, "उचित ही कहा था तेनालीराम तुमने। तुम जीते और मैं हारा। लोग सचमुच योग्य व्यक्ति की किसी भी बात पर विश्वास कर लेते हैं।"

तेनाली पाठ

व्यक्ति का योग्य होना बहुत जरूरी है। एक योग्य व्यक्ति अपनी हर बात को चतुराई से मनवा लेता है और उसकी बात पर सभी यकीन भी कर लेते हैं। योग्य व्यक्ति अपनी चतुराई से हर बिगड़ते काम को सँवार देता है। योग्य होने के लिए व्यक्ति के अंदर मानवीय गुणों का होना अनिवार्य है। उसे अपने देश से प्रेम होना चाहिए और उसके अंदर मानवीय संवेदनाओं की अनुभूति होनी चाहिए। ऐसे व्यक्ति ही मानव की गरिमा की पराकाष्ठा पर ले जाते हैं और लोगों के लिए मार्ग बनाते हैं।

□

13

तेनालीराम की तरह धन कैसे कमाएँ

प्रत्येक व्यक्ति धन क्यों चाहता है ?

- जहाँ सुमति तहं संपति नाना। जहाँ कुमति तहं बिपति निधाना।।

  —गोस्वामी तुलसीदास

- वह करिए, जो आप सचमुच करना चाहते हैं और फिर पैसा अपने आप आएगा।

  —मार्शा सीनेटर

उपरोक्त दोनों बातों से यह स्पष्ट हो जाता है कि धन कमाना मुश्किल नहीं होता, बस उसको कमाने के लिए अपने अंदर कुछ बातों का विस्तार करना पड़ता है। एक बुद्धिमान व्यक्ति हर जगह अपनी बुद्धि से धन अर्जित कर सकता है, जबकि एक बुद्धिहीन व्यक्ति धन से भरे घर को भी गँवा सकता है। आज के भागदौड़ भरे जीवन में सभी व्यक्ति धन कमाना चाहते हैं। धन जीवन में रोटी, कपड़ा, उच्च स्तर का जीवन एवं सुख, सभी कुछ प्रदान करता है। दुनिया में शायद ही कोई ऐसा व्यक्ति हो, जो धन पाने की इच्छा न रखता हो, फिर यह खराब कैसे हो सकता है ? धन को खराब इसलिए कहा जाता है, क्योंकि इसको पाने के लिए अधिकतर लोग छोटा और गलत मार्ग अपनाते हैं। जीवन में सफल होने का कोई छोटा मार्ग नहीं होता, इसके लिए तो व्यक्तियों को कदम-दर-कदम आगे बढ़ना होता है। धन की अधिकता और न्यूनता ही व्यक्ति को संपन्न और निर्धन में बाँटती है। धन के कारण व्यक्ति अपने जीवन को अपने अनुकूल जी सकता है। अधिक धन होने पर व्यक्ति अपने जीवन के उद्‌देश्य धन से इतर भी निर्धारित कर सकता है, जबकि दो जून की रोटी जुटानेवाले व्यक्तियों के लिए केवल रोटी के लिए धन कमाना ही जीवन का एक उद्‌देश्य होता है। मनुष्य जीवन का यह अर्थ कतई नहीं है कि व्यक्ति जीवन भर

अपनी रोटी के लिए संघर्ष करता रहे और उसी की पूर्ति करते हुए मृत्यु को प्राप्त हो जाए। अगर सभी लोग केवल धन-प्राप्ति को ही जीवन का उद्‌देश्य मानने लगें तो कहीं पर भी नवाचार न हो, आविष्कार न हो। व्यक्ति दो ही सूरतों में अपने लक्ष्य को प्राप्त कर पाता है। पहला, जब उसके पास अपने लक्ष्य की पूर्ति के लिए उचित धन हो। अच्छी शिक्षा प्राप्ति के लिए भी धन की आवश्यकता होती है और उसी का प्रयोग कर व्यक्ति अपने लक्ष्य की ओर बढ़ता है। दूसरा, यदि व्यक्ति के अंदर अपने लक्ष्य और कुछ अद्‌भुत करने का एक जुनून हो तो ऐसे व्यक्ति के लिए धन मायने नहीं रखता। समाज में दूसरी प्रवृत्ति वाले लोग कम देखने को मिलते हैं। ऐसे लोग लहरों को चीरना जानते हैं, पाषाण को तोड़ना जानते हैं, शुष्क स्थान में भी हरियाली उत्पन्न करने का नुस्खा ऐसे लोगों के पास होता है। ऐसे लोगों के पास धन स्वयं चलकर आता है। तेनालीराम दूसरी प्रवृत्ति वाले व्यक्ति थे। बेहद बुद्धिमान और हर समस्या का समाधान करनेवाले। आप जानते हैं कि प्रकृति यह कदापि नहीं चाहती कि पृथ्वी पर कोई भी निर्धन रहे अथवा घुट-घुटकर जिए। प्रकृति हर व्यक्ति के लिए समान है, यह तो व्यक्ति पर निर्भर करता है कि वह प्रकृति प्रदत्त वस्तुओं का उपभोग किस प्रकार करता है और उनसे कैसे लाभ उठाता है। जो लोग प्रकृति का उपभोग बुद्धि से करना जानते हैं, वे अपने लिए सुखों को सहजता से उत्पन्न कर लेते हैं। लोग निर्धन इसलिए होते हैं, क्योंकि वे अपने लिए निर्धन होनेवाले कारकों को उत्पन्न करते हैं, जबकि धनी लोगों के मस्तिष्क उच्च मानसिकता लिए हुए होते हैं। अमीर और गरीब सोच भी व्यक्ति को अमीर और गरीब बनने में मदद करती है।

अमीर और गरीब की सोच

आपने कभी इस बात पर गौर किया है कि मुफ्त में चीजें बँटने पर वहाँ पर अधिकतर निर्धन लोग ही लाइन में क्यों नजर आते हैं?

गरीब लोग ही बैठे-बिठाए धन कमाने का स्वप्न क्यों देखते हैं?

गरीब लोग ही अधिकतर लॉटरी क्यों खेलते हैं?

क्योंकि ये सभी लोग मानते हैं कि धन कमाने का एकमात्र तरीका यही है कि वह किसी तरह बैठे बिठाए मिल जाए। कई बार तो लॉटरी का टिकट खरीदते-खरीदते और गरीब हो जाता है। धन कमाने की मूल रणनीति यह है कि इसको कमाने के लिए आपको ही रणनीतियाँ तैयार करनी होंगी। आपको ही कठोर जमीन पर चलना होगा। बैठे-बिठाए सपने में धन कमाने की इच्छा को त्यागना होगा। गरीबों वाली सोच को अपने मस्तिष्क से निकालना होगा।

अमीर सोच	गरीब सोच
हर कार्य की जिम्मेदारी स्वयं लेते हैं।	जिम्मेदारी से बचते हैं। दूसरों पर दोष मढ़ने के लिए तुरंत तैयार रहते हैं।
अपनी गलती को मानकर उसमें सुधार करते हैं।	अपनी गलती मानने को तैयार नहीं होते, इसलिए सुधार भी नहीं करते।
कर्म में विश्वास करते हैं।	भाग्य में विश्वास करते हैं।
अवसर उत्पन्न करते हैं।	अवसरों का इंतजार करते हैं।
लोगों के काम की प्रशंसा करते हैं।	दूसरों में कमियाँ निकालते हैं।
शिकायत करने का समय ही नहीं होता।	शिकायतें अधिक करते हैं।
व्यस्त रहते हैं।	टाइम पास करते हैं और काम करने से बचते हैं।
शारीरिक एवं मानसिक रूप से स्वस्थ होते हैं।	आलसी होते हैं एवं काम के समय बीमारी का बहाना करते हैं।

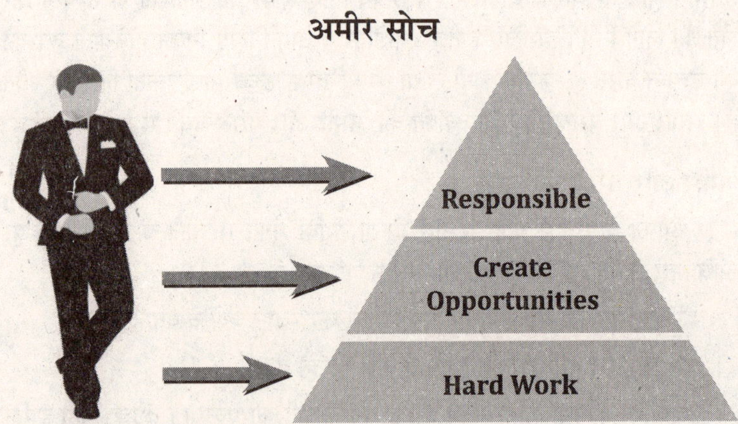

धन का पहाड़

व्यक्ति यदि कुछ सिद्धांत अपनाए तो वह न केवल धन का स्वामी बन सकता है, अपितु जीवन में भी सफलता एवं ख्याति अर्जित कर सकता है। इसके लिए अपने अंदर से नकारात्मकता को बाहर निकालना बहुत जरूरी है।

जो व्यक्ति शिकायत करते रहते हैं, वे जीते जागते चुंबक बन जाते हैं। ऐसे व्यक्तियों से लोग छिपना एवं बचना शुरू कर देते हैं। धन कमाने के लिए आपको **'PAHAD'** पर चलना पड़ेगा। पहाड़ का सिद्धांत ही व्यक्ति को तन-मन से धनी बना सकता है। मगर पहाड़ पर चढ़ना इतना सरल भी नहीं होता, पहाड़ की सर्वोच्च चोटी पर चढ़ने के लिए अनेक पर्वतारोहियों ने अपने प्राण गँवा दिए, लेकिन वे लोग जीत गए, जिनके मन में चोटी पर चढ़ने का संकल्प और जुनून था। शेरपा तेनजिंग नॉर्गे ने एडमंड हिलेरी के साथ सबसे पहले एवरेस्ट पर विजय प्राप्त की थी। वे अनेक अभियानों में शामिल रहे थे। शेरपा तेनजिंग नॉर्गे का मानना है कि शिखर पर पहुँचने के लिए आपको चोटी को देखना चाहिए, उसमें आनेवाले गड्ढों और बाधाओं को नहीं। जब आप चोटी को देखते हैं तो गड्ढे और बाधाओं से लड़ने की शक्ति स्वयमेव उत्पन्न हो जाती है। इसलिए आप भी धन के **'PAHAD'** पर चढ़ते समय अपने उद्देश्य एवं सुखमय जीवन की कल्पना कीजिए। ऐसा करने से आपको धन के **'PAHAD'** पर चलना सहज लगने लगेगा। धन के **'PAHAD'** पर चढ़ने के लिए इसको समझिए और इस पर चढ़ना प्रारंभ कीजिए—धन का पहाड़।

धन का पहाड़

P → Programming
A → Action
H → Hope
A → Apply
D → Development

धन के पहाड़ पर चढ़ने के लिए व्यक्ति को अपनी प्रोग्रामिंग करनी होती है। अच्छी बात यह है कि प्रोगामिंग को आप कभी भी बना सकते हैं और इसको बनाने के लिए आपको कुछ खर्च नहीं करना है, केवल अपनी मानसिकता को सकारात्मक, पुष्ट और दुरुस्त बनाना है। अपने अंदर इन विचारों को उत्पन्न करना है कि आप धन कमा सकते हैं, धन कमाना कठिन नहीं है। इसके बाद आपको एक्शन करना है, अर्थात् धन अर्जित करने के लिए काम करना है। अपने हृदय में सदैव इस होप को जीवित रखना है कि आप मेहनत से सबकुछ प्राप्त कर सकते हैं। आशा के साथ-साथ कदम-दर-कदम आगे बढ़ते रहें। कुछ समय बाद आप पाएँगे कि आपने विकास कर लिया है। इस तरह आप अपनी मेहनत,

लगन से धन का पहाड़ बना लेंगे और फिर अनेक लोगों को धन का पहाड़ बनाने के लिए प्रेरित करेंगे।

तेनालीराम ने चतुराई से धन कमाने का आशीर्वाद पाया

तेनालीराम बचपन से बहुत शरारती और चतुर थे। एक संन्यासी तेनालीराम से बहुत प्रभावित हुए। उन्होंने उसे माँ काली के आह्वान का मंत्र सिखा दिया। बालक तेनाली ने एक दिन उस मंत्र का जाप करना आरंभ कर दिया। मंत्र का जाप पूरा होते ही एक विकराल आकृति वहाँ पर प्रकट हुई। यह देवी काली थीं। माँ को देखकर अचानक तेनाली को हँसी आ गई। माँ काली बोलीं, "मुझे देखकर सब काँपने लगते हैं और तुम हँस रहे हो।" तेनाली बोले, "माँ, मुझे ध्यान आया कि अचानक से आपको जुकाम हो जाए तो क्या होगा? मेरी तो एक नाक का ही इतना बुरा हाल हो जाता है और आपके तो इतने सारे सिर हैं। फिर आपका क्या हाल होगा?" तेनाली की बात सुनकर माँ काली भी हँसने लगीं और बोलीं, "अरे विकटकवि, मुझे तुम्हारा इस तरह मजाक करना अच्छा लगा।" माँ के ऐसा बोलने पर तेनाली बोला, "माँ, मुझे आपका दिया हुआ नाम पसंद आया, इसे दोनों ओर से पढ़ा जा सकता है।" काली माँ ने तभी अपने हाथ में दो कटोरे प्रकट किए और बोलीं, "तेनाली! मेरे दाएँ हाथ में ज्ञान का मीठा दूध है, जबकि बाएँ हाथ में धन का खट्टा दही है। तुम जो चुनोगे, तुम्हें जीवन में वही मिलेगा।" माँ काली की बात सुनकर तेनाली कुछ सोचता रहा। फिर बोला, "माँ, मैं दोनों को बिना चखे किसी एक का चुनाव कैसे कर सकता हूँ?" माँ काली बोलीं, "ठीक है, दोनों चख लो।" यह सुनते ही तेनाली ने चट से दोनों कटोरियाँ खाली कर दीं और बोला, "माँ मुझे क्षमा करें, लेकिन एक के बिना दूसरी मेरे लिए बेकार थी।" तेनाली की बात सुनकर माँ काली बोलीं, "तुमने यहाँ अपनी बुद्धि और विद्वत्ता का परिचय देकर मुझे खुश कर दिया है। तुम जीवन भर ज्ञान से धन कमाओगे और दुनिया में तुम्हारी पहचान एक बुद्धिमान व्यक्ति की बनेगी।"

इस तरह तेनालीराम ने अपनी चतुराई से धन और विद्या दोनों को प्राप्त कर लिया। बुद्धिमान व्यक्ति धन और ज्ञान दोनों ही प्राप्त कर सकते हैं।

तेनाली पाठ

धन कमाने के लिए बुद्धि और ज्ञान की आवश्यकता होती है। ईश्वर ने किसी को निर्धन जीने के लिए नहीं भेजा। चतुर व्यक्ति निर्धन होकर भी धन के असीम

अवसर उत्पन्न कर लेता है, जबकि धनी व्यक्ति बुद्धिहीन होकर सारे धन को गँवा देता है। धन कमाने के लिए व्यक्ति को मेहनती, जिम्मेदार होना चाहिए। व्यक्ति कभी भी अपने मस्तिष्क की सकारात्मक प्रोग्रामिंग करके धन प्राप्त कर सकता है। अपने अंदर से नकारात्मक विचारों को निकालिए और सकारात्मक विचारों के माध्यम से अपनी बुद्धि को निखारिए।

□

14

भारतीय कलाओं को आगे बढ़ाने में तेनाली का योगदान

भारतीय संस्कृति और कलाएँ

- एक व्यक्ति, जिसे अपने पूर्व इतिहास, उद्गम और संस्कृति के विषय में कोई जानकारी नहीं है, उस वृक्ष के जैसा है, जिसकी कोई जड़ ही नहीं है।

—मार्क्स ग्रेवी

- कला कुरूप चीजों को जन्म देती है, जो समय के साथ खूबसूरत होती जाती हैं, वहीं दूसरी तरफ, फैशन खूबसूरत चीजों को जन्म देता है, जो समय के साथ कुरूप होती जाती हैं। *—जीन कोक्टे*

किसी भी देश की कला उसकी संस्कृति की वाहिका होती है। भारतीय संस्कृति प्राचीन काल से बहुआयामी रही है, विश्व के लिए आकर्षण एवं आश्चर्य का विषय भी। भारतीय संस्कृति उस महासागर के समान है, जिसका उद्गम भारत की पावन धरती पर हुआ और उसने पड़ोसी देश के रीति-रिवाज, परंपराओं को भी अंगीकार करने से परहेज नहीं किया। भारतीय संस्कृति ने हर धर्म को गले लगाया और यहाँ पर हर धर्म को समानता की नजर से देखा गया। विश्व के अधिकतर देशों में त्योहारों की इतनी बहुलता देखने को नहीं मिलती, जितनी भारत में। भारत में संस्कृति एवं कलाओं से जुड़े विभिन्न त्योहार लोगों में उत्साह उत्पन्न करते हैं और उनके अंदर देशप्रेम की भावना को विकसित करते हैं। मकर सक्रांति, ओणम, पोंगल, लोहड़ी, छठपूजा के साथ उत्तर-पूर्वी भारत के कई कलारूप, त्योहार अपनी समृद्ध संस्कृति और परंपरा का एक गहन हिस्सा हैं। बिहु, झूम खेती, पंबलांग, नोंगक्रेम, दुर्गा पूजा

और करची पूजा जैसे महत्त्वपूर्ण पर्व भारत के समृद्ध सामाजिक-सांस्कृतिक जीवन की एक अनुपम झलक प्रस्तुत करते हैं। त्योहारों के साथ ही भारतीय कलाएँ, जैसे चित्रकला, मूर्तिकला आदि न केवल कलाओं की दृष्टि से उत्तम हैं, अपितु सदियों से लोगों के घरों की शोभा भी रही हैं।

मधुबनी, फाड़, लघुचित्र, वार्ली, चेरियल स्क्रॉल, काली घाट पेंटिंग्स, पट्टचित्र, गोंड, कलमकारी, तंजौर आदि कलाएँ कला-प्रेमियों को मोहित कर देती हैं।

- **मधुबनी**—मधुबनी मिथिला कला के नाम से प्रसिद्ध है। यह ज्यामितीय पैटर्न के आधार पर बनाई जाती है।
- **फाड़**—स्क्रॉल पेंटिंग का धार्मिक रूप है। लोक देवता पबुजी का 30 या 15 फीट लंबे कैनवास या कपड़े पर चित्रण।
- **लघु चित्र**—लघु आकार, जटिल विवरण और तीव्र अभिव्यक्तियों पर आधारित। फारसी शैली से प्रभावित।
- **वार्ली**—इसमें मंडलियों, त्रिकोणों और वर्गों जैसी कई आकृतियों का इस्तेमाल कर दैनिक जीवन की गतिविधियों को दरशाया जाता है।
- **चेरियल स्क्रॉल**—नक्काशी परिवार द्वारा अभ्यास। प्राथमिक रंग और ज्वलंत कल्पना का प्रयोग।
- **काली घाट पेंटिंग्स**—देवी-देवताओं के चित्रों को कपड़े और पट्टों पर चित्रित किया जाना।

इसी तरह बाकी कलाएँ भी भारतीयता के रंग में रँगी एक अलग दृष्टिकोण उत्पन्न करती हैं। इनके अलावा काष्ठ कला, हस्तकला, मिट्टी की कला भी भारत को एक नई पहचान देती है।

क्यों लुप्त हो रही हैं कलाएँ

आज भारत की अनेक कलाएँ जर्जर अवस्था में अपने अस्तित्व के लिए संघर्ष कर रही हैं। इसलिए इन कलाओं के कलाकारों का जीवन बेहद दूभर हो गया है। उनमें से अनेक कलाकारों ने तो अपने पुश्तैनी काम यानी कला को छोड़कर अन्य ऐसे कार्य करने आरंभ कर दिए हैं, जिनसे उनकी जीविका चलती रहे। आखिर व्यक्ति के लिए अपनी रोटी का जुगाड़ करना जरूरी है। जब पेट खाली होगा तो

कला तो क्या, किसी भी कार्य को करने का मन नहीं करेगा। कलाओं के लुप्त होने के कई कारण हैं—

आधुनिकता—आधुनिकता का विकास तेजी से होने के कारण भारतीय कलाएँ तेजी से विलुप्त हो रही हैं। हर व्यक्ति को नवीनता आकर्षित करती है, इसलिए कई लोगों का ध्यान भारतीय लोक कलाओं से हटकर आधुनिकता की ओर मुड़ गया है।

व्यस्त जीवन—आधुनिक जीवन में व्यस्तता ने लोगों को केवल स्वयं तक सीमित कर दिया है। अब अधिकांश लोगों का जीवन रोटी, कपड़ा और मकान के साथ-साथ अपने कार्यालय तक ही सीमित रह गया है।

संयुक्त परिवारों का विघटन—तेजी से संयुक्त परिवारों के विघटन के कारण भी लोक कलाएँ लुप्त हो रही हैं। पहले संयुक्त परिवारों के लोग कई अवसरों पर एक साथ बैठकर ललित कलाओं का आनंद लेते थे, लेकिन एकाकी परिवारों में कला के लिए समय ही नहीं बचता।

उच्च रहन-सहन का आकर्षण—प्रत्येक व्यक्ति अपने रहन-सहन को उच्च बनाना चाहता है, इसके लिए उसे बहुत सी चीजों का त्याग करना पड़ता है, इनमें से कला भी एक है।

मधुबनी

काष्ठ कला

कलाओं को कैसे बढ़ाएँ?

विलुप्त होती भारतीय कलाओं को बढ़ाया जा सकता है। इसके लिए हर भारतीय के अंदर तेनालीराम की तरह अपने देश की कलाओं के प्रति प्रेम होना जरूरी है। तेनालीराम ने भारतीय कलाओं को मरने नहीं दिया। वे अपने महाराजा को

समय-समय पर याद दिलाकर भारतीय कलाकारों को सम्मान दिलवाते थे, साथ ही कला को जीवित रखने में भी महत्त्वपूर्ण भूमिका निभाते थे।

भारतीय कलाओं को बढ़ाने के लिए ऐसी कलाओं को अपने घर की शोभा बनाना चाहिए। आज घर फ्लैटों में परिवर्तित हो गए हैं। फ्लैटों में जगह कम होने के कारण भारतीय कलाकृतियों के लिए स्थान ही नहीं बचता। लेकिन फिर भी समय-समय पर अपने बच्चों के लिए लकड़ी, कागज, मिट्टी से बने खिलौने आदि अवश्य खरीदने चाहिए। बच्चे बचपन में जिन खिलौनों के साथ खेलते हैं, उनके साथ उनका आकर्षण बना रहता है और वे बड़े होने पर भी अपने हृदय से उन खिलौनों की छवि नहीं भूल पाते।

कलाकारों को अपनी कला को लोगों के सामने लाने में बहुत मेहनत करनी पड़ती है, उन्हें उनकी कला का उचित दाम मिलना अनिवार्य है। इसके लिए कला प्रेमियों को, आम व्यक्तियों को कलाकृतियाँ खरीदने के लिए प्रेरित करना चाहिए।

भारतीय कलाओं को स्कूलों में सिखाना चाहिए। ऐसा करने से बच्चे कलाकारों के संग रहकर उन कलाओं को जानेंगे और समझेंगे।

तेनालीराम ने कलाकार का सम्मान बढ़ाया, उसे उचित इनाम दिलवाया

चिड़िया को देखकर तेनालीराम बोले, "महाराज, बचपन में मैंने सीता अम्मा को देखा था, वे हमारे गाँव की अनोखी कलाकार थीं और काठ के खिलौनों में जान फूँक देती थीं। अब उनकी बेटी रामा उनकी कला को आगे बढ़ा रही है, ताकि यह कला बची रहे।"

राजा कृष्णदेव राय के जन्मदिवस पर हर साल तोहफों का अंबार लग जाता था। अनेक राज्यों के राजाओं के अलावा उन्हें अपनी प्रजा से भी बहुत से तोहफे प्राप्त होते थे। राजा अपनी प्रजा के प्रिय थे, इसलिए प्रजा भी अपने राजा के लिए अच्छे से अच्छे उपहार लेकर आती थी। दरबारी भी राजा को बेशकीमती उपहार प्रदान कर अपनी साख जमाने के लिए तैयार रहते थे। जब सभी ने अपने-अपने तोहफे राजा को दे दिए तो लोगों ने देखा कि तेनालीराम वहाँ नहीं है। यह चर्चा चल ही रही थी कि तेनालीराम एक खिलौना गाड़ी को डोरी से खींचते हुए राजसभा में चले आए। वहाँ आकर उन्होंने काठ की गाड़ी को एक ओर खड़ा किया और उसमें से एक सुनहरे रंग का डिब्बा निकाला और उसे राजा को उपहार में दिया। उत्सुकतावश राजा ने डिब्बे को खोला तो उसमें से काठ की एक छोटी सी सुंदर चिड़िया बाहर

निकली। यह देखकर मंत्री तेनालीराम का मजाक उड़ाने लगे और राजा से बोले, "महाराज, तेनालीराम को आपके जन्मदिवस पर यही उपहार मिला था? भला यह भी कोई उपहार है।" मंत्री की बात खत्म होते ही चिड़िया राजा के हाथ पर से उड़ी और टिक-टिक करते हुए इधर-उधर घूमने लगी। यह देखकर सभी आश्चर्य से उस चिड़िया को देखने लगे कि चिड़िया उड़ कैसे रही है। तभी उन्होंने देखा कि एक पतली सी डोरी के साथ चिड़िया उड़ती और बोलती है, लेकिन उस पतली डोरी को इतनी सफाई से जोड़ा गया था कि वह किसी को नजर नहीं आती थी। उस चिड़िया को देखकर तेनालीराम बोले, "महाराज, बचपन में मैंने सीता अम्मा को देखा था, वे हमारे गाँव की अनोखी कलाकार थीं और काठ के खिलौनों में जान फूँक देती थीं। अब उनकी बेटी रामा उनकी कला को आगे बढ़ा रही है, ताकि यह कला बची रहे। हालाँकि रामा बेहद गरीब है, उस बेचारी को उसकी कला का उचित मूल्य नहीं मिल पाता है। यदि ऐसा ही रहा तो रामा के साथ ही यह कला विदा हो जाएगी।" यह सुनकर राजा कृष्णदेव राय बोले, "नहीं, यह कला भारत से विलुप्त नहीं होनी चाहिए, यह हमारी संस्कृति का मान है।" इसके बाद उन्होंने रामा के पास ढेर सारी स्वर्ण मुद्राएँ भिजवाईं और बच्चों के लिए कई खिलौनों के प्रस्ताव भी दिए। राजा से सम्मान पाकर रामा का चेहरा खिल उठा। वह भारतीय कला को तन-मन से मूर्त रूप देने में जुट गई। इस तरह तेनालीराम ने महाराज का ध्यान विलुप्त होती भारतीय कलाओं की ओर दिलाया और उन्हें बचाने में प्रमुख भूमिका निभाई।

तेनाली पाठ

भारतीय संस्कृति एवं कला विश्व के लिए एक आकर्षण का केंद्र है। हमारे देश की विविध कलाएँ अपनी विभिन्न बातों से आकर्षित करती हैं। इन कलाओं को लुप्त होने से बचाना हर नागरिक का कर्तव्य है, क्योंकि कलाएँ ही एक देश की संस्कृति को ख्याति दिलाती हैं। समय के साथ आगे बढ़ना अच्छी बात है, लेकिन उसके साथ अपनी प्राचीन कलाओं को सदा साथ लेकर चलना चाहिए। भारतीय कलाएँ घरों की रौनक बढ़ाने के साथ-साथ बच्चों को संस्कृति के पाठ पढ़ाती हैं। बच्चों को बचपन से ही इन कलाओं से जोड़कर रखना चाहिए, ताकि वे अपनी मातृभूमि की मिट्टी से गहराई से जुड़ सकें और भारतीय कलाओं को नए आयाम देने में अपनी महत्त्वपूर्ण भूमिका निभाएँ।

□

15

माँग और आपूर्ति के नियम को समझते थे तेनालीराम

माँग और पूर्ति

- यदि आप उन चीजों को खरीदते हैं, जिनकी जरूरत आपको नहीं है तो जल्द ही आपको उन चीजों को बेचना पड़ेगा, जिनकी आपको जरूरत है।

  —वॉरेन बफे

- The most valuable of all capital is that invested in human beings.

  —अल्फ्रेड मार्शल

माँग और आपूर्ति मानव जीवन का एक अंग रही है। जैसे-जैसे मानव ने प्रगति की, वैसे-वैसे वह अनेक सुविधाओं और वस्तुओं को अंगीकार करता गया। कुछ समय बाद कई वस्तुएँ मानव के जीवन का स्वाभाविक अंग बन गईं। इन वस्तुओं को बाजार में बेचा जाने लगा और लोगों ने इन्हें खरीदना आरंभ कर दिया। माँग और आपूर्ति के नियम को केवल चाणक्य ही नहीं, अपितु तेनालीराम भी भली-भाँति समझते थे। वे अपने दरबार में कई बार इस तरह की आनेवाली समस्याओं का हल करते थे और माँग एवं आपूर्ति में संतुलन बनाते थे। माँग और आपूर्ति वैसे तो अर्थशास्त्र का एक महत्त्वपूर्ण नियम है, लेकिन वास्तविक जीवन में देखा जाए तो माँग और पूर्ति अर्थशास्त्र के साथ-साथ जीवन के हर पड़ाव पर महत्त्वपूर्ण है। जो लोग इस बात को समझते हैं, जानते हैं और इसे सकारात्मक तरह से अपने जीवन में प्रयोग करते हैं, वे खुश एवं सुखी रहते हैं। वहीं जो लोग इससे अनभिज्ञ होते हैं, इसकी बारीकियाँ नहीं समझते, वे जीवन में कई समस्याओं को सुलझाने में भी असफल रहते हैं।

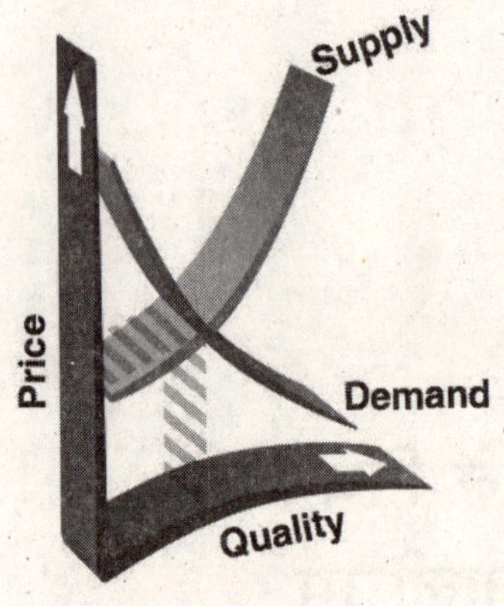

सरल शब्दों में माँग और पूर्ति का नियम इस प्रकार है कि यदि बाजार में 10 पेन उपलब्ध हैं और 20 लोग उस पेन को लेना चाहते हैं तो इसका अर्थ है कि माँग अधिक है और पूर्ति कम।

अर्थशास्त्र के अनुसार माँग किसी नियत समयकाल में किसी उत्पाद की वह मात्रा है, जिसे उपभोक्ता नियत दाम पर खरीदना चाहता है और वह उसे खरीदने में सक्षम है।

आपूर्ति वस्तु की वह मात्रा होती है, जिसे नियत समय में दिए गए उत्पादक या विक्रेता बाजार में बेचने के लिए तैयार हैं। माँग और आपूर्ति के अन्य बहुत सारे नियम हैं, जो इसकी बारीकियों के बारे में बताते हैं और बाजार तैयार करते हैं। एक आम व्यक्ति अपनी बुद्धि का प्रयोग करके इन नियमों को ऊपरी तौर पर जानकर-समझकर अपना जीवनयापन कर सकता है। बुद्धिमत्ता से माँग और पूर्ति को समझनेवाले व्यक्ति जीवन में संतुलन बनाकर चलते हैं और कम लड़खड़ाते हैं।

वस्तुएँ कम, माँग ज्यादा

जिस समाज में वस्तुएँ कम और माँग ज्यादा होती है, वहाँ पर संपन्न और निर्धन व्यक्तियों के बीच गहरी खाई उत्पन्न होती जाती है। निर्धन व्यक्ति उन वस्तुओं को खरीद ही नहीं पाते और संपन्न व्यक्ति सहजता से वस्तुओं को खरीद लेते हैं। भारत के चतुर चाणक्य और तेनालीराम जैसे व्यक्तित्व ने वस्तुएँ कम होने पर अपने-अपने राजाओं के माध्यम से निर्धन जनता के सामने कभी परेशानी नहीं आने दी।

संतुलन बनाना है बुद्धिमत्ता की निशानी

अत्यंत बुद्धिमान, गूढ़ राजनीतिज्ञ, सशक्त व्यक्तित्व चाणक्य सदैव देश एवं प्रजा का कल्याण करते थे, इसके लिए वे अपने राजा को समय-समय पर सचेत भी करते रहते थे और यह भी सुझाव देते थे कि उन्हें वस्तुएँ कम होने की दशा में क्या कदम उठाने चाहिए। इसी तरह तेनालीराम हाजिरजवाब थे। वे महाराजा के अष्टदिग्गजों में से एक थे। तेनालीराम अपनी बुद्धिमत्ता और चतुरता से हर किसी को मात देने में सक्षम थे, इसलिए वे महाराज के प्रिय थे। महाराज उनकी बात मानते

थे। तेनालीराम वस्तुएँ कम और माँग अधिक होने की दशा में ऐसा मार्ग निकालते थे कि सब उनकी सराहना किए बिना नहीं रहते थे। तेनालीराम चतुराई से माँग अधिक होने पर कम वस्तुओं को हर ओर इस तरह वितरित कराते थे कि सब महाराज कृष्णदेव राय के साथ-साथ उनकी भी जय-जयकार किए बिना नहीं रहते थे और शत्रु हाथ मलते रह जाते थे। तेनालीराम जैसी बुद्धिमत्ता और चतुराई हर व्यक्ति के अंदर आ सकती है, अगर वह धैर्यपूर्वक बात की गहराई तक जाए। किसी भी समस्या और बात को गहराई से सोचते हुए उसका हल आँखों के सामने आ जाता है और बिगड़ती बात में संतुलन बन जाता है। इस तरह काम पूरा हो जाता है और किसी को नुकसान भी नहीं होता। उनकी अनेक कथाएँ इस बात को साबित करती हैं कि वे माँग और पूर्ति के संतुलन को समझने में बेहद माहिर थे।

तेनालीराम ने कम प्रसाद को चतुराई से सब लोगों में बँटवाया

एक बार राजा कृष्णदेव राय के दरबार में हरिद्वार से एक साधु आया था और राजा के लिए प्रसाद लाया था। उसने प्रसाद के रूप में 11 बताशे राजा के हाथ में रख दिए और कहा कि इस प्रसाद को सभी को बाँट दीजिए। प्रसाद पर अमीर-गरीब सभी का बराबर हक है। साधु की बात सुनकर महाराज असमंजस में पड़ गए कि केवल 11 बताशों को इतने बड़े जनसमूह में कैसे बँटवाया जाए, यह सब लोगों तक पहुँच जाएँ। उन्होंने अपने दरबारियों को वे 11 बताशे देते हुए कहा कि इन्हें सभी को बँटवा दीजिए। केवल 11 बताशों को लेकर दरबारी सोच में डूब गए कि उन्हें राजमहल के सभी दरबारियों में कैसे बाँटा जाए। किसी को कोई हल नहीं सूझा, तब साधु ने कहा कि महाराज, मैंने सुना है कि आपके दरबार में चतुर तेनालीराम है, जिसके पास हर समस्या का समाधान है। अधिक माँग और कम आपूर्ति की इस समस्या को क्या वह सुलझा सकता है?" राजा बोले, "हाँ, महाराज,

> *तेनालीराम ने चुपके से प्रसाद के 11 बताशों को सुगंधित पेय के बड़े बरतन में तोड़कर घोल दिया। फिर साफ-सुथरे कुल्हड़ों में डालकर उस पेय को सबको बाँटा गया। तेनालीराम ने साधु को भी एक कुल्हड़ भरकर दिया। शीतल पेय की सभी ने तारीफ की।*

आपने सही कहा। मैं अभी तेनालीराम को बुलवाता हूँ।" तेनालीराम के आते ही वे 11 बताशे उनके हाथ पर रख दिए गए और उन्हें सभी में बँटवाने के लिए कहा गया। तेनालीराम ने तुरंत एक सेवक को बुलाया और उसके कान में कुछ कहा। सेवक दौड़कर गया और तीन चार ठंडे पानी से भरे घड़े ले आया। इसके साथ ही उसने कुछ सुगंधित पेय और चीनी भी वहाँ पर रख दी। पानी में चीनी घोलकर उस सुंगधित पेय को मिलाया गया। इसके बाद तेनालीराम ने चुपके से प्रसाद के 11 बताशों को सुगंधित पेय के बड़े बरतन में तोड़कर घोल दिया। फिर साफ-सुथरे कुल्हड़ों में डालकर उस पेय को सबको बाँटा गया। तेनालीराम ने साधु को भी एक कुल्हड़ भरकर दिया। शीतल पेय की सभी ने तारीफ की। साधु बोले, "पेय तो अत्यंत स्वादिष्ट था, अब मेरे द्वारा लाए गए प्रसाद को भी तो सब में वितरित कराइए।" यह सुनकर तेनालीराम मुसकराते हुए बोले, "गुरुवर, अभी-अभी आपके साथ-साथ सभी ने उसी प्रसाद के पेय को पिया है। उन 11 बताशों को सब तक पहुँचाने के लिए इस पेय से उत्तम भला और क्या हो सकता था? मैंने 11 बताशों को तोड़कर शीतल पेय में मिलाकर उसे सबको बँटवा दिया, इस तरह सब लोगों तक हरिद्वार नगरी का प्रसाद पहुँच गया।" तेनालीराम की बुद्धिमत्ता देखकर साधु अत्यंत प्रसन्न हुआ और बोला, "वाकई तेनालीराम, तुम जैसा हीरा पूरी दुनिया में नहीं। तुम्हारी बुद्धिमत्ता गजब की है।" साधु की बात सुनकर महाराज कृष्णदेव राय बोले, "वह तो है महाराज, तभी तो तेनालीराम मुझे इतना प्रिय है।"

तेनाली पाठ

कम माँग और अधिक आपूर्ति समस्या का कारण बन जाती है। इसी कारण समाज में अपराध, चोरी, बेईमानी को बढ़ावा मिलता है। कम माँग होने से निर्धन व्यक्तियों तक वह वस्तु बमुश्किल ही पहुँच पाती है। ऐसे में कई लोग वस्तु की प्राप्ति के लिए चोरी-डकैती, अपराध आदि करते हैं, जिससे समाज में अराजकता उत्पन्न हो जाती है। निर्धन और अमीर के बीच की खाई को पाटना असंभव है, लेकिन कम माँग को चतुराई से अधिक लोगों तक पहुँचाना कतई मुश्किल नहीं है। जब कम माँग चतुराई एवं बुद्धिमत्ता से निर्धन लोगों तक भी पहुँचती है तो प्रजा अपने राजा का गुणगान करती है। एक अच्छे राजा और बुद्धिमान मंत्री के चतुर निर्णयों से प्रजा सकारात्मक गुणों की ओर बढ़ती है, जिससे निर्धन व्यक्तियों के अंदर भी मेहनत और लगन से संपन्न बनने की इच्छा जाग्रत् होती है।

□

16

तेनालीराम की तरह डर को जीतें

डर क्या है ?

- डर कहीं और नहीं, बस आपके दिमाग में होता है। —*डेल कारनेगी*
- केवल डर एक चीज है, जो किसी सपने का पूरा होना असंभव बनाती है। —*पाउलो कोएलो*

रात को अचानक डरावना सपना देखा, आपकी आँख खुली और आप डर से जड़ हो गए।

मार्ग में जाते समय अचानक आप ने रोड एक्सीडेंट में किसी की मृत्यु देखी और आप डर से शून्य हो गए।

आपकी बेटी देर रात्रि मार्ग में फँस गई, यह खबर पाते ही आपका रोम-रोम काँप उठा और डर ने आपका सारा रक्त निचोड़ लिया।

कोरोना जैसी महामारी ने पूरे विश्व में कोहराम मचा दिया। टी.वी. पर महामारी की चपेट में आनेवाले व्यक्तियों की मृत्यु की संख्या देख-देखकर आप इतने भयभीत हो गए कि सामान्य खाँसी-जुकाम में भी ऐसा महसूस करते हैं कि कहीं आप महामारी का शिकार तो नहीं हो गए।

उपरोक्त बातों में से कोई-न-कोई आपके साथ अवश्य हुई होगी और आप डरकर खोल में समा गए होंगे। डर स्वयं भी एक मानसिक विकार है। हालाँकि यह नवरसों में से एक है। लेकिन सामान्य डर ही नवरस का अंग होता है, जब यह डर चरम सीमा को पार कर लेता है तो नकारात्मक बन जाता है।

डर संपूर्ण प्राणियों में एक ऐसी भावना है, जो अनुभूति द्वारा संग्राहक होती है। जब वस्तुओं या घटनाओं के लिए भय तर्कहीन हो जाता है तो उसे 'फोबिया' कहा जाता है। डर की उत्पत्ति कैसे होती है ? कभी आपने इस बात को गहराई से महसूस किया है। डर हमेशा जोखिम एवं खतरे की स्थिति में उत्पन्न होता है। जब यह महसूस होता है कि ऐसी स्थितियाँ उत्पन्न हो गई हैं, जिनमें खतरा और जोखिम है तो व्यक्ति के अंदर डर का आकार बड़ा होता जाता है। डर मानव जाति का शत्रु है और यह उसे लगातार अपनी ओर खींचता रहता है। इतना ही नहीं, कई बार डर का रूप इतना विकराल हो जाता है कि बिना किसी महामारी, दुर्घटना, समस्या, तनाव के ही यह प्राण ले लेता है। डर एक अपरिहार्य भावना अवश्य है, लेकिन व्यक्ति इस डर के आकार को स्वयं बढ़ाता और घटाता है।

डर क्यों और कैसे पनपता है

व्यक्ति के अंदर डर की उत्पत्ति बचपन की परवरिश का परिणाम होती है। माता-पिता कई बार बच्चे की शरारतों को रोकने के लिए उसे कहते हैं—'बाहर अकेले मत जाना नहीं तो भूत खा जाएगा'।

पीपल के पेड़ के नीचे रात को मत जाना, वहाँ भूत आते हैं।

मम्मी का कहना नहीं मानोगे तो बाबा पकड़कर ले जाएँगे।

इसी तरह जब बच्चा स्कूल जाने लगता है और परीक्षा में कम अंक लाता है, तब भी माता-पिता उसकी तुलना अन्य बच्चों से करते हुए कहते हैं, "तुम जीवन में कभी सफल नहीं हो सकते।"

"तुम नालायक हो।"

"तुम कुछ नहीं कर सकते, सदा असफल ही रहोगे।"

बचपन जीवन की नींव होता है। जब यह नींव ही कमजोर शिला पर खड़ी की जाएगी तो मजबूत मंजिल की कामना कैसे की जा सकती है। आखिर यह कहावत भी तो सत्य है न कि 'बोया पेड़ बबूल का तो आम कहाँ से होय ?' इसी तरह जब माता-पिता अपने बच्चों को बचपन से ही तरह-तरह के डरों से डराते रहते

बार-बार शिक्षकों की डाँट और विद्यार्थियों की 'नालायक' की उपाधि पाकर उसका आत्मविश्वास दब गया था। बर्न्स ने फिर घर में बैठे सभी सदस्यों से पूछा, "इनको किसने लिखा है ?" अब वॉल्टर उठा और अपने मन से उन पंक्तियों को पढ़कर आगे की पंक्तियाँ भी सुनाता रहा।

हैं तो फिर उन्हें उसकी सफलता के सपने देखने का भी अधिकार नहीं है। केवल वही माता-पिता, शिक्षक, संबंधी अपने बच्चे की सफलता के अधिकारी होते हैं, जो हर परिस्थिति में बच्चे का साथ देते हैं, ठीक उसी तरह जिस तरह प्रसिद्ध कवि रॉबर्ट बर्न्स ने वॉल्टर स्कॉट का दिया था।

शिक्षक ने वॉल्टर से कॉपी माँगी। वाल्टर ने सकुचाते हुए कॉपी शिक्षक के आगे रख दी। आज फिर अधूरा काम देखकर शिक्षक का क्रोध सातवें आसमान पर पहुँच गया। वह बोले, "वाल्टर, तुम अपना काम कभी भी पूरा नहीं करते हो। चलो पीछे कोने में जाकर बैठ जाओ। तुम्हारे लिए वही जगह उचित है। आगे की जगह पर प्रतिभाशाली और होशियार बच्चों को बैठना चाहिए।" शिक्षक की बात से नन्हा वाल्टर सहमकर पीछे बैठ गया। उसके साथ अकसर ऐसा होता था। शिक्षक उसे झिड़ककर कोने में बैठा देते थे। वॉल्टर को गणित, विज्ञान से अधिक साहित्य में रुचि थी। वह साहित्य के विषय को बहुत ध्यान से पढ़ता था। एक दिन सुप्रसिद्ध कवि रॉबर्ट बर्न्स किसी कारणवश उसके घर में आए। वहाँ उन्होंने एक चित्र देखा। उस चित्र के नीचे बहुत ही सुंदर कविता की पंक्तियाँ लिखी हुई थीं। उन पंक्तियों को देखकर बर्न्स बोले, "इन पंक्तियों को किसने लिखा है?" संयोगवश उस समय वॉल्टर वहीं पर उपस्थित था। वह पहले तो संकोचवश यही सोचता रहा कि बोले अथवा न बोले। बार-बार शिक्षकों की डाँट और विद्यार्थियों की 'नालायक' की उपाधि पाकर उसका आत्मविश्वास दब गया था। बर्न्स ने फिर घर में बैठे सभी सदस्यों से पूछा, "इनको किसने लिखा है?" अब वॉल्टर उठा और अपने मन से उन पंक्तियों को पढ़कर आगे की पंक्तियाँ भी सुनाता रहा। बर्न्स के साथ ही घर के सभी सदस्य यह देखकर दंग रह गए कि नन्हे से बालक ने अपनी ही लिखी दो पंक्तियों को तुरंत आगे बढ़ाकर सब को सुना दिया। वे पंक्तियाँ बेहतरीन थीं। बर्न्स ने वॉल्टर को अपने पास बुलाया और उसे गले लगाते हुए कहा, "साहित्य में इतनी संजीदगी और श्रेष्ठता का संगम इतनी कम उम्र में मैंने केवल तुम्हारे अंदर देखा है। तुम एक न एक दिन स्कॉटलैंड के महान् व्यक्ति बनोगे।" महान् व्यक्तित्व बर्न्स की ये बातें सुनकर वॉल्टर का हृदय खुशी से पुलकित हो गया। उसका आत्मविश्वास सातवें आसमान पर पहुँच गया। अब वह आत्मविश्वास के साथ मित्रों व शिक्षकों को प्रश्नों के जवाब देने लगा। यही वॉल्टर एक दिन विश्व के सुप्रसिद्ध इतिहासकार-उपन्यासकार बने। वॉल्टर स्कॉट ऐसे विश्वख्यात साहित्यकारों में से एक हैं, जिन्हें अपने जीवित रहते हुए ही बेशुमार प्रसिद्धि और सफलता प्राप्त हुई थी। इस प्रकार बर्न्स के एक

छोटे से प्रोत्साहन ने वॉल्टर को सफलता के शिखर पर पहुँचा दिया और उसके अंदर असफलता के डर को घर होने से बचा लिया।

डर परिवेश के कारण उत्पन्न होता है और यह व्यक्ति को पंगु और हीन बना देता है।

डर के प्रकार और उपचार

डर एक स्वाभाविक प्रक्रिया है, इससे बिल्कुल बाहर आना असंभव है, मगर इसे नियंत्रित करना संभव है। जिस तरह पहाड़ को चढ़कर ही उस पर विजय पाई जाती है, उसी तरह डर का सामना करके ही इसका मुकाबला किया जा सकता है। डर बहुत प्रकार के होते हैं। सभी प्रकार के डर जानकर उनका उपचार करना ही समझदारी है।

डर के प्रकार	उपचार
भूत-प्रेतों का डर	भूत-प्रेत सुनी सुनाई बातों के कारण लोगों के मस्तिष्क में घर कर जाते हैं। यथार्थ में ऐसा कुछ नहीं होता। यह केवल एक मानसिक विकार है। इसलिए स्वयं को सकारात्मक रखें, अच्छा साहित्य पढ़ें और व्यस्त रहें।
बीमारी से मरने का डर	समय-समय पर नियमित रूप से अच्छे डॉक्टर से अपना चेकअप कराएँ। ऐसा करने से बीमारी का प्रारंभ में ही पता चल जाएगा। गंभीर बीमारियों पर शुरुआत में काबू पाना संभव है।
दुर्घटना होने का डर	मनोवैज्ञानिकों का कहना है कि 99 प्रतिशत दुर्घटनाएँ केवल हमारे मस्तिष्क की काल्पनिक उपज होती हैं, जो वास्तव में कभी घटित नहीं होतीं। इसलिए ऐसी बातों को दिमाग में घर न करने दें, होशियारी से हर काम करें, जिससे दुर्घटना होने की आशंका कम हो।

परीक्षा एवं नौकरी में असफल होने का डर	यह डर युवाओं में मुख्य रूप से देखने को मिलता है। इस डर को भगाने का सबसे अचूक तरीका है आत्मविश्वास, मेहनत से परीक्षा एवं नौकरी की तैयारी करना। असफलता को सफलता की सीढ़ी मानकर उस पर चढ़ने के लिए तैयार रहना। जिस तरह ईंटों के बिना मकान नहीं बनता, उसी तरह जिंदगी में बिना असफलता के सफलता नहीं मिलती।
लोग क्या कहेंगे का डर	कई लोग महत्त्वपूर्ण कामों के लिए इसलिए आगे नहीं बढ़ते कि लोग पता नहीं क्या प्रतिक्रिया करेंगे। इस डर का सामना करना बहुत सहज है। वास्तव में लोगों को आपकी परवाह होती ही नहीं है। आप ही सोचिए कि आप पहले अपनी परवाह करते हैं अथवा दूसरों की। आप पहले दूसरों का काम करेंगे या अपना। इस से यह सहज ही समझ आ जाता है कि 'लोग क्या कहेंगे' का डर काल्पनिक है। इस डर को दूर भगाकर अपने व्यक्तित्व का विकास करें और आगे बढ़ें।

इसी तरह के अनेक डर हमारे मन में पनपते रहते हैं और समय के साथ-साथ विकसित भी होते रहते हैं। यदि इन डरों का प्रारंभ में ही मुकाबला किया जाए तो ये व्यक्ति को पंगु नहीं बना पाते और व्यक्ति खुलकर आत्मविश्वास एवं मेहनत से अपने आसमान को प्राप्त कर लेता है। तेनालीराम खतरों से नहीं डरते थे, क्योंकि वे खतरों का मुकाबला करते थे और फिर उसका समाधान कर उसे समाप्त कर देते थे। ऐसे ही अनेक बार उन्होंने बिना डर के महाराज को बड़े-बड़े खतरों एवं शत्रुओं से बचाया और उनके राज्य का सम्मान बढ़ाया।

जब तेनालीराम ने खतरे के डर को दूर भगाया और राजा को बचाया

एक दिन राजा कृष्णदेव राय के दरबार में एक लंबा-चौड़ा व्यक्ति आया। वह बोला, "महाराज, मेरा नाम बाँका बहादुर है। मैं पड़ोसी देश से आया हूँ। वहीं के जंगली कबीले का हूँ और बचपन से ही जंगलों में तीर चलाने का अभ्यास कर रहा हूँ। मुझसे श्रेष्ठ तीरंदाज कोई नहीं है। आप कहें तो मैं आपके सामने अपनी कला का प्रदर्शन करना चाहता हूँ।" महाराज ने उसे प्रदर्शन करने की

बाँका अपने तीर और कमान के साथ मंच पर आ खड़ा हुआ। उसने हाथों में तीर और धनुष को पकड़कर निशाना साधते हुए चलाया। एक-एक कर उसने छह पत्ते इतनी सफाई से गिरा दिए कि लोग दंग रह गए। अब सातवें और अंतिम पत्ते की बारी थी। लोग दम साधे खड़े थे कि तीरंदाज सातवाँ पत्ता गिरा पता है अथवा नहीं।

इजाजत दे दी। राजमहल के सामनेवाले खेल के मैदान में बाँका की कला के प्रदर्शन का समय निर्धारित किया गया। शाम को राजा के साथ अनेक दरबारियों के बैठने का इंतजाम किया गया। एक पेड़ पर सफेद रंग के चाँदी के बने सुंदर चमकीले सात पत्ते लगाए गए। उन पत्तों के बीच में काले रंग का एक गोला खींचा गया था। तीरंदाज को उन गोलों पर निशाना लगाकर ही अपनी कला का प्रदर्शन करना था। ठीक समय पर बाँका अपने तीर और कमान के साथ मंच पर आ खड़ा हुआ। उसने हाथों में तीर और धनुष को पकड़कर निशाना साधते हुए चलाया। एक-एक कर उसने छह पत्ते इतनी सफाई से गिरा दिए कि लोग दंग रह गए। अब सातवें और अंतिम पत्ते की बारी थी। लोग दम साधे खड़े थे कि तीरंदाज सातवाँ पत्ता गिरा पाता है अथवा नहीं। सातवें पत्ते पर निशाना लगाते समय तीरंदाज ने अपने तीर की दिशा बदली और राजा कृष्णदेव की ओर मुड़ गया। यह देखकर लोग भौचक्के रह गए। वह तीर चलाने ही वाला था कि तभी किसी ने तेजी से उसके तीर को खींचा और उसे एक झटके के साथ जमीन पर गिरा दिया। यह देखकर जैसे ही तीरंदाज ने भागने की कोशिश की, वैसे ही 'पकड़ो-पकड़ो' का स्वर उभरा और तीरंदाज को चारों ओर से घेर लिया गया। तीरंदाज पर झपटनेवाले कोई और नहीं बल्कि स्वयं तेनालीराम थे। तेनाली बोले, "महाराज, कल मैंने इस पर नजर रखी थी और इसके सारे कुत्सित इरादों को जान लिया था। यह कोई तीरदांज नहीं, बल्कि हमारे शत्रु राज्य का जासूस है और यह यहाँ पर केवल आपको मारने के लिए आया था।" यह सुनकर महाराज दंग रह गए। जासूस को कारागार भेज दिया गया। महाराज बोले, "तेनाली, तुम इतने खतरनाक काम भी बिना डरे कैसे कर लेते हो?" तेनालीराम मुसकराकर बोले, "महाराज, बहुत आसान है, मैं उन डरों से डरे बिना उनका सामना करता हूँ और इस तरह उन कामों को कर लेता हूँ। अगर डरता ही रहूँगा तो फिर राज्य की रक्षा कैसे होगी?" महाराज बोले, "वाकई तेनालीराम, तुम्हारा जवाब नहीं।"

तेनाली पाठ

अनेक डर व्यक्ति के अंदर बचपन से ही अवचेतन मस्तिष्क में बैठ जाते हैं, जो उसे सारी उम्र परेशान करते हैं। इसलिए बचपन में बच्चों को खेल-खेल में भी डराना नहीं चाहिए। बालमन बेहद संवेदनशील होता है, वह खेल में कही गई बातों को भी सच मान लेता है। डर एक स्वाभाविक प्रक्रिया है, इसका सामना करना चाहिए और इसको पार करके अपनी मंजिल तक पहुँचना चाहिए। जो व्यक्ति डर के आगे हथियार डाल देते हैं, उन्हें तरह-तरह के छोटे-मोटे डर जीवन भर डराते रहते हैं और उनके विकास को अवरुद्ध कर देते हैं। डर का सामना करने से व्यक्ति के अंदर आत्मविश्वास, साहस एवं नेतृत्व जैसे गुणों का विकास होता है।

□

17

तेनालीराम की तरह खुद को पुरस्कार देना न भूलें

क्या है खुद को पुरस्कार देना?

- किसी व्यक्ति के लिए स्वयं पर विजय पाना सभी जीतों में महान् है।
—प्लेटो
- बुद्धि के सिवाय विचार प्रचार का कोई दूसरा शस्त्र नहीं है, क्योंकि ज्ञान ही अन्याय को मिटा सकता है। *—शंकराचार्य*

पुरस्कार मिलने पर प्रत्येक व्यक्ति को खुशी का अनुभव होता है। जब आप कोई सराहनीय कार्य करते हैं अथवा सर्वश्रेष्ठ स्थान पर रहते हैं तो आपको पुरस्कार प्रदान किया जाता है। पुरस्कार के रूप में ट्रॉफी, नकद रुपए, पेन, कॉपी, किताब आदि कुछ भी हो सकता है। पुरस्कार का स्वरूप कुछ भी हो, लेकिन यह हृदय को बेहद प्रसन्नता प्रदान करता है।

आपको अपने जीवन में स्कूल से लेकर अभी तक कितने और किस प्रकार के पुरस्कार प्राप्त हुए हैं। इस तरह की एक सूची बनाइए। आपकी सूची कुछ इस तरह की हो सकती है—

- सुंदर हैंडराइटिंग के लिए
- भाषण प्रतियोगिता के लिए
- साफ-सुथरी यूनिफॉर्म पहनने के लिए
- सही जवाब देने के लिए
- कक्षा में प्रथम स्थान पाने के लिए

- अच्छे व्यवहार के लिए
- असेंबली में अपनी कला का प्रदर्शन करने के लिए
- चित्रकला, संगीत एवं नृत्य में प्रदर्शन के लिए।

क्या आपने कभी स्वयं को किसी कार्य के लिए पुरस्कृत किया है ? यह पढ़कर आप हैरत में पड़ गए न कि भला स्वयं को कोई कैसे, कब और क्यों पुरस्कृत करेगा ? आपके उत्कृष्ट कार्यों की पहचान भला आप स्वयं कैसे कर सकते हैं ? उसे तो कोई बड़ा ही पहचानेगा और तब आपको पुरस्कार के योग्य समझा जाएगा। अगर वाकई आप भी ऐसा ही सोचते हैं तो आप अपने साथ बहुत बड़ा अन्याय करते हैं। क्योंकि स्वयं को पुरस्कार देने में भी असीम प्रसन्नता अनुभव होती है।

स्वयं को कब पुरस्कृत करें

जब आपको कहीं से पुरस्कार प्राप्त होता है तो मन पुलकित हो उठता है, पुरस्कार मिलने पर सबकुछ बहुत अच्छा लगता है। मन में ऐसा प्रतीत होता है, मानो वह आसमान में कुलाँचें भर रहा हो। इसी तरह का अहसास तब भी होता है, जब आप स्वयं को पुरस्कृत करते हैं। स्वयं को पुरस्कृत करने के लिए आपको अपने मापदंड निर्धारित करने होंगे। आप अपने कार्यों की एक सूची बनाइए। उन कामों को मेहनत से करिए और जब उन कामों को सफलतापूर्वक कर लो तो स्वयं को पुरस्कृत अवश्य कीजिए। आपके स्वयं के पुरस्कार एक प्यारी सी खुद को शाबाशी भी हो सकती है और चॉकलेट भी। इसके साथ ही आप खुद को पुरस्कृत करने के लिए अपने पुरस्कारों में निम्न बातों को भी शामिल कर सकते हैं—

- अपनी फेवरेट फिल्म देखना
- अच्छे रेस्टोरेंट में खाना खाना
- बढ़िया फ्लेवर की आइसक्रीम खाना
- एक अच्छी नई ड्रेस खरीदना
- किसी मनपसंद पर्यटन स्थल की सैर करना।

इनके अतिरिक्त आप अपने लिए और भी अपनी मनपसंद के पुरस्कार चुन सकते हैं।

मगर हाँ, यह अवश्य याद रखिएगा कि पुरस्कार आपको स्वयं को तब देना है, जब आप आम दिनों से हटकर कुछ विशेष काम करो और सफलता प्राप्त करो। हर दिन अपने आपको पुरस्कार देने मत बैठ जाइएगा, वरना इसकी महत्ता खत्म हो जाएगी।

अपने पुरस्कारों की योजना बना लें। स्वयं से यह बार-बार कहते रहें कि "जब मेरा यह काम पूरा हो जाएगा तो मैं खुद को पुरस्कृत करूँगा/करूँगी।" अपने कार्य में सफलता पाने पर स्वयं से अपना नाम लेकर अवश्य कहें, "ऐशनी को बहुत-बहुत बधाई।" खुद को बधाई देने में एक अलग अनुभूति होती है। उस अनुभूति को अवश्य महसूस करना चाहिए। यह अनुभूति केवल स्वयं आप ही खुद को दे सकते हैं।

स्वयं को पुरस्कार देने के लाभ

कोई भी ऐसा कार्य, जो हृदय को हर्षित, पुलकित करे, किसी को उससे हानि न हो, अवश्य करना चाहिए। स्वयं को पुरस्कार देना एक ऐसी प्रक्रिया है, जिससे किसी को कोई नुकसान नहीं पहुँचता और इससे व्यक्ति को सुखद अहसास होता है। स्वयं को पुरस्कार देने की प्रक्रिया सकारात्मक कार्यों को लेकर ही होनी चाहिए। स्वयं को पुरस्कृत करने के अनेक लाभ होते हैं।

आत्मविश्वास में वृद्धि—कई बार व्यक्तियों के मन में यह बात घर कर जाती है कि वे जीवन में कुछ नहीं कर सकते। कई लोगों की नकारात्मक बातें भी व्यक्ति के आत्मविश्वास को दबा देती हैं। ऐसे में कार्य पूरा होने पर स्वयं को पुरस्कृत करने से आत्मविश्वास में वृद्धि होती है और व्यक्ति यह जान जाता है कि वह भी सफल हो सकता है।

अवसाद में कमी—असफलता कई बार इतना व्यथित कर देती है कि व्यक्ति गहन अवसाद का शिकार हो जाते हैं। अवसाद के समय व्यक्ति के अंदर अनेक शारीरिक एवं मानसिक बीमारियाँ उत्पन्न हो जाती हैं। यदि समय-समय पर खुद को पुरस्कृत किया जाता रहे तो अवसाद से बचा जा सकता है।

खुशी एवं आनंद—खुद को पुरस्कार देने से खुशी एवं आनंद प्राप्त होता है। खुद को पुरस्कृत करने के बहाने आप अपने उस कार्य को भी कर सकते हैं, जिसे व्यस्तता एवं काम के चलते करना असंभव हो जाता है, जैसे नई ड्रेस खरीदना, घूमना, फिल्म देखना आदि।

मेहनत की उत्पत्ति—खुद को पुरस्कृत करने से आपको यह अनुभव हो जाता है कि जब-जब भी आप अच्छा काम करेंगे तो अपने समय को अच्छे पुरस्कार देकर बिताएँगे। इस तरह आपके मन में अपने लक्ष्य-प्राप्ति की उत्कंठा प्रबल हो जाती है, और आप मेहनत व लगन से अपने कार्य को करने लगते हैं।

स्वयं को पुरस्कार अवश्य देना चाहिए। यह स्वयं को प्रोत्साहित करने का सबसे सहज और सरल तरीका है। इसको करने से आप अपने लक्ष्य के करीब पहुँच जाते हैं और अनेक अच्छी आदतों का विकास कर लेते हैं, जो आपको आपकी मंजिल के करीब पहुँचाने में सहायक सिद्ध होती हैं।

जब तेनालीराम ने खुद को पुरस्कृत किया

एक बार पड़ोसी देश का दूत महाराज कृष्णदेव राय के दरबार में आया। महाराज ने उसकी बहुत आवभगत की और उसे एक कीमती उपहार देने की पेशकश की। दूत बड़ा चतुर था। वह बोला, "महाराज! हीरे-मोती, सोना चाँदी आदि मेरे किसी काम के नहीं हैं। मुझे इन सब की कोई लालसा नहीं है। यदि आप मुझे उपहार देना चाहते हैं तो ऐसा उपहार दीजिए, जो हर पल मेरे साथ रहे और मेरी मृत्यु पर ही उसका अंत हो।" यह सुनकर महाराज अजीब उलझन में पड़ गए। उन्होंने अपने दरबारियों की ओर देखा। दरबारियों को भी कुछ समझ नहीं आया कि आखिर ऐसा उपहार कौन सा हो सकता है, जो जीवन-मृत्यु तक हर पल साथ रह सकता है। सभी ने दिमाग लगाया, लेकिन किसी की कुछ समझ नहीं आया। तभी एक दरबारी बोला, "महाराज, वह अनोखा उपहार तो हमारे दरबार के तेनालीराम ही दे सकते हैं।" तभी तेनालीराम को दरबार में बुलाया गया। तेनालीराम दरबार में आए और दूत से उनका परिचय हुआ। महाराज बोले, "ये हमारे पड़ोसी राज्य के दूत हैं। इन्होंने हमें हमारे मित्र राजा की अनेक बातें बताईं और उनके द्वारा दिए गए उपहार भी हमें दिए। हम भी इन्हें कोई उपहार देना चाहते हैं, लेकिन इनको केवल ऐसा उपहार चाहिए, जो जीवन-मृत्यु तक इनके साथ रहे।" महाराज की बात सुनकर तेनालीराम बोले, "महाराज, दूत हमारे विशेष मेहमान हैं। इनकी सेवा-सत्कार करना हमारा फर्ज है। जब ये यहाँ से जाएँगे तो मैं वह उपहार इन्हें अवश्य दूँगा।" दो-तीन दिन बाद दूत राजमहल से विदा लेने लगे। महाराज

> ***तेनालीराम ने दूत को उनकी परछाईं दिखाई और बोले, "यह रहा आपका ऐसा अनोखा उपहार, जो मृत्यु तक आपके साथ रहेगा। जब तक आप जीवित हैं, तब तक आपकी परछाईं आपका कभी साथ नहीं छोड़ेगी।"***

धीरे से तेनाली से बोले, "अब वह विशेष उपहार तो दे दो।" तेनालीराम मुसकराकर बोले, "महाराज, मैंने दूत को वह उपहार तो कब का दे दिया, पर इन्होंने ही अभी तक नहीं देखा।" यह सुनकर दूत भी हैरत से बोला, "कहाँ है उपहार, मेरे पास तो कुछ भी नहीं है ?" तब तेनालीराम ने दूत को उनकी परछाईं दिखाई और बोले, "यह रहा आपका ऐसा अनोखा उपहार, जो मृत्यु तक आपके साथ रहेगा। जब तक आप जीवित हैं, तब तक आपकी परछाईं आपका कभी साथ नहीं छोड़ेगी।" यह सुनते ही दूत बहुत खुश हुआ। वह महाराज से बोला, "यहाँ आने से पहले मैंने तेनालीराम की चतुराई और बुद्धिमत्ता की बहुत बातें सुनी थीं, आज उन सबको सही पाया। तेनालीराम वाकई बहुत चतुर हैं और आपके दरबार का हीरा हैं।" यह सुनकर महाराज कृष्णदेव बहुत खुश हुए। दूत के वहाँ से विदा लेते ही तेनालीराम ने अपनी पीठ थपथपाई। उसे अपनी स्वयं की पीठ थपथपाते हुए देखकर महाराज बोले, "तेनाली, तुम यह क्या कर रहे हो ? अपनी पीठ स्वयं क्यों थपथपा रहे हो ?" तेनालीराम बोले, "महाराज, आज मैं स्वयं को शाबाशी दे रहा हूँ। मैंने दूत को बोल तो दिया था कि ऐसा उपहार दे दूँगा। लेकिन उसके बाद मैं सोचता रहा कि ऐसा क्या उपहार हो सकता है ? तब बहुत दिमाग लगाने के बाद मुझे लगा कि ऐसा उपहार तो केवल मनुष्य की छाया हो सकती है। इसलिए सही जवाब ढूँढ़ने पर मैंने स्वयं को शाबाशी दी।" यह सुनकर महाराज बोले, "वाकई तेनालीराम तुम्हारा जवाब नहीं।" इसके बाद उन्होंने भी तेनालीराम को उपहार दिया, जिससे तेनालीराम की खुशी दोगुनी हो गई।

तेनाली पाठ

उपहार और पुरस्कार व्यक्ति को खुशी एवं आनंद प्रदान करते हैं। अकसर व्यक्तियों को पुरस्कार कहीं-न-कहीं से प्राप्त होते हैं। लेकिन जीवन में व्यक्ति को स्वयं को भी पुरस्कृत करते रहना चाहिए। स्वयं को पुरस्कृत करने से आत्मबल, आत्मविश्वास एवं आत्मसाहस में वृद्धि होती है। व्यक्ति के अंदर दुष्कर कार्यों को करने की भी इच्छा उत्पन्न हो जाती है। स्वयं को पुरस्कृत करने से व्यक्ति अपना विकास तेजी से करता है और वह मेहनत व लगन से अपना कार्य करता है। कोई भी ऐसा कार्य, जिसे करने में मुश्किलें आ रही हों, उसे पूरा करने पर स्वयं को पुरस्कृत करना न भूलें। स्वयं को पुरस्कृत करना एक आत्मगौरव की अनुभूति है। इसे प्रत्येक व्यक्ति को अवश्य प्राप्त करना चाहिए और अपनी डगर पर आगे बढ़ना चाहिए।

आपके लिए"

- अपने स्कूल एवं कहीं से भी प्राप्त पुरस्कारों की सूची बनाएँ।

....

....

....

....

....

- अब अपने उन अनुभवों और अहसासों को यहाँ लिखें, जो आपको पुरस्कार प्राप्त करते समय हुए थे।

....

....

....

....

....

- स्वयं को पुरस्कार दें और उस पुरस्कार को तिथि के साथ इस कॉलम में भरें।

....

....

....

....

....

□

18

तेनालीराम ने महाराज को फिटनेस का पाठ पढ़ाया

फिटनेस

- अपने शरीर को स्वस्थ रखना हमारा कर्तव्य है, अन्यथा हम अपने दिमाग को मजबूत और स्पष्ट नहीं रख पाएँगे। —*गौतम बुद्ध*
- अच्छे स्वास्थ्य की चमक का आनंद लेने के लिए आपको व्यायाम करना चाहिए। —*जीन ट्यूनी*

जब व्यक्ति पूरी तरह स्वस्थ होता है तो उसे फिट कहा जाता है। जो फिट है, वही हिट है। एक ढीला-ढाला दुर्बल शरीर कभी भी राजकाज भली-भाँति नहीं चला सकता। इसलिए नेत्रहीन धृतराष्ट्र को भी राजा के योग्य नहीं समझा गया था। राजा ही क्या, प्रत्येक व्यक्ति के लिए स्वस्थ होना जीवन का पहला अनिवार्य नियम है। हर सुख एवं आनंद का उपभोग एक स्वस्थ शरीर में महसूस किया जा सकता है। व्याधि से पीड़ित व्यक्ति तो अपनी पीड़ा में ही डूबा रहता है। अपनी पीड़ा के चलते उसे किसी और वस्तु की चाह ही नहीं होती। वह तो बस जल्दी-से-जल्दी अपनी पीड़ा से मुक्त होना चाहता है। शरीर को फिट रखने के लिए व्यक्ति को मेहनत करनी पड़ती है। इसके लिए नियमित व्यायाम, सकारात्मक सोच और पौष्टिक आहार का सेवन करना पड़ता है। व्यक्ति की शारीरिक संरचना एक मशीन की तरह ही है। मशीन को सही चलाने के लिए समय-समय पर उसकी देखभाल की आवश्यकता पड़ती है, उसी तरह शरीर को भी नियमित देखभाल की आवश्यकता होती है। स्वयं को फिट रखने के लिए सुबह जल्दी उठना, प्राकृतिक हवा में सैर करना, व्यायाम

करना अनिवार्य है। फिट व्यक्ति को जल्दी थकान नहीं होती। एक स्वस्थ शरीर में ही स्वस्थ मस्तिष्क का विकास होता है। फिट व्यक्तियों से बीमारियाँ दूर रहती हैं और उन पर उम्र के चिह्न भी देर से नजर आते हैं।

खुद को फिट कैसे रखें

फिट रखने के लिए आज बाजार में अनेक तरह की मशीनें उपलब्ध हैं। जिम खुले हुए हैं। यहाँ पर व्यक्ति अपनी सुविधा एवं समय के अनुसार जाते हैं। यह आवश्यक नहीं कि आपको फिट रहने के लिए जिम जाना पड़े। व्यक्ति खुद भी स्वयं को फिट रख सकते हैं। डिजिटल युग में ऑनलाइन व्यायाम के बारे में जानकारी प्राप्त कर इन्हें अपने नियमित रुटीन में शामिल किया जा सकता है। आलस फिटनेस का सबसे बड़ा शत्रु है। इसलिए इससे दूर ही रहना चाहिए। आलस भी एक तरह की बीमारी है, क्योंकि यह व्यक्ति को कर्मठता से दूर करती है और उसे अधिकतर बिस्तर पर पड़े रहने के लिए ही विवश करती है। आलसी शरीर में अनेक बीमारियाँ अपना स्थान बना लेती हैं, जिससे व्यक्ति बीमार पड़ जाता है।

स्वयं को फिट रखने के लिए कठिन व्यायाम करने की भी आवश्यकता नहीं है। बस सरल से कुछ व्यायाम प्रतिदिन करिए और फिट रहिए।

नियमित तेज-तेज पैदल चलना—नियमित तेज चलना एक बहुत अच्छा व्यायाम है। यह हृदय को स्वस्थ रखता है और व्यक्ति को मोटा होने से रोकता है।

रस्सी कूदना—रस्सी कूदने से शारीरिक चुस्ती-फुर्ती बनी रहती है। इसलिए समय मिलने पर घर के समीप पार्क में रस्सी अवश्य कूदनी चाहिए।

साइकिल चलाना—साइक्लिंग करने से व्यक्ति मोटापे का शिकार नहीं होता। अनेक बीमारियाँ मोटापे के कारण भी पनपती हैं। इसलिए मोटापे को दूर रखने के लिए नियमित रूप से ऐसे व्यायाम करने चाहिए, जिनसे शरीर चुस्त रहता है।

प्राणायाम, हलासन, शवासन, कंधरासन आदि को थोड़े से अभ्यास से किया जा सकता है। यह व्यायाम शरीर के आकार को सही रखते हैं। व्यायाम के साथ-साथ उचित खानपान पर भी ध्यान देना चाहिए। बाहर का अधिक खाना और फास्ट फूड भी शरीर को बीमार करते हैं।

सकारात्मक विचार व्यक्ति का मानसिक आहार होते हैं। जो व्यक्ति जिस तरह की बातें सोचते हैं, वे वैसे ही बन जाते हैं। इसलिए स्वयं को नकारात्मक विचारों से दूर रखना चाहिए। नकारात्मक विचार उन काँटों की भाँति होते हैं, जो हर किसी को घायल कर देते हैं। नकारात्मक विचारों से तन और मन दोनों ही बीमार हो जाते हैं। इनसे मुक्ति का केवल यही उपाय है कि सकारात्मक लोगों के साथ रहें, सकारात्मक चिंतन करें और अच्छा साहित्य पढ़ें।

खुद को फिट रखने के लिए तालिका बनाएँ

'फिट रहिए' कहना जितना सरल है, इस पर अमल करना कुछ लोगों के लिए उतना ही कठिन है। वे सरलता से फिट रहना सीख ही नहीं पाते। आलस एवं उनका खुद का स्वभाव ही उन्हें फिट रहने से रोकता है। कई बार लोग संकल्प कर लेते हैं कि वजन कम करके ही रहेंगे। इसके लिए वे कुछ दिन तक व्यायाम करते हैं, लेकिन कुछ दिनों बाद ही उनका संकल्प ठंडा हो जाता है और वे वापस अपने पहले रुटीन पर आ जाते हैं। खुद को फिट रखने के लिए आप आज से ही कमर कस लीजिए और अपनी एक तालिका बनाइए। इस तालिका को अपने कमरे में लगाइए, ताकि सुबह उठते ही सबसे पहले आपकी इस पर नजर पड़े। तालिका पर दृष्टि पड़ते ही आप सचेत हो जाएँगे और आपके अंदर व्यायाम करने की उमंग उत्पन्न हो जाएगी। निम्न तालिका को अपनी सुविधानुसार भर सकते हैं। लेकिन प्रात: उठने का आदर्श समय सुबह चार से पाँच बजे के बीच में ही है। सुबह जल्दी उठने से आप प्रकृति के बेहतरीन नजारों को देख सकते हैं। सुबह जल्दी उठने पर ऊषाकाल का समय मन को मोहित कर देता है। सुबह के समय हवा स्वच्छ होती है और विटप व पुष्पों की खुशबू मन को आनंदित कर देती है। इनसे मन को आत्मिक संतुष्टि का अहसास होता है।

सुबह उठने का समय ....

व्यायाम का समय ....

व्यायाम के नाम ....

आपको व्यायाम के कौन से उपकरणों से व्यायाम करना पसंद है ....

व्यायाम के माध्यम से होनेवाले लाभ ....

जब तेनालीराम ने महाराज को फिटनेस का पाठ पढ़ाया

राजा कृष्णदेव राय नियम से रोज सुबह कसरत करते थे। वे तब तक कसरत करते रहते थे, जब तक उनका शरीर पसीने से सराबोर नहीं हो जाता था। कसरत करने के बाद वे अपने घोड़े की सवारी करते थे। एक बार यह नियम टूट गया। नियम टूटने के बाद वे आलस के शिकार हो गए। अब उन्होंने कसरत और सवारी करना छोड़ दिया। वे आराम करते, खाते और सोते। परिणामस्वरूप जल्दी ही वे मोटे हो गए। आलस एवं मोटापे ने उन्हें चिड़चिड़ा बना दिया। यह देखकर वैद्य ने उन्हें पौष्टिक भोजन के साथ ही कसरत करने की सलाह दी। लेकिन राजा पर आलस ऐसा सवार हुआ कि वे अपने नियमित रुटीन पर नहीं आ पाए। अब वैद्य जब भी उन्हें वजन कम करने और व्यायाम करने के लिए कहते तो वे उन्हें झिड़क देते। एक दिन उन्होंने क्रोध में कहा कि जो भी उन्हें व्यायाम करने के लिए कहेगा, उसे कारागार में डाल दिया जाएगा। अब तो किसी की हिम्मत ही न हुई कि उन्हें कुछ कहे। एक दिन एक ज्योतिषी उनके राजदरबार में आया और बोला कि उनकी मृत्यु एक माह के अंदर-अंदर हो जाएगी। यह सुनकर राजा आगबबूला हो गए। उन्होंने ज्योतिषी को कारागार में डलवा दिया। अब उनकी रातों की नींद और चैन उड़ गया। वे सुबह जल्दी उठ जाते और बगीचे में चले जाते, उन्हें भूख भी कम लगती। एक माह बीत गया, लेकिन उनकी मृत्यु नहीं हुई। यह देखकर उन्होंने ज्योतिषी को बुलवाया और गुस्से में

> ***"मैंने यह सब तेनालीराम के कहने से किया था। उनका कहना था कि मृत्यु के भय से आपका ज्यादा खाना-पीना, आलस और देर तक सोना सब छूट जाएगा, इस तरह आप पहले की तरह चुस्त हो जाएँगे। उनकी बात सत्य साबित हुई।" राजज्योतिषी की बात सुनकर महाराज मुसकराते हुए बोले, "हमें अपनी भूल का अहसास हो गया। आज से हम नियमित व्यायाम करेंगे, पौष्टिक भोजन करेंगे और आलस नहीं करेंगे।"***

कहा, "तुम्हारी भविष्यवाणी झूठी निकली। हमें कुछ नहीं हुआ।" यह सुनकर ज्योतिषी मुसकराकर बोला, "महाराज कुछ तो हुआ है, एक बार स्वयं को दर्पण में ध्यान से देखिए।" महाराज ने स्वयं को दर्पण में ध्यान से देखा तो पाया कि उनका वजन कम हो गया था, अब वह चुस्त-फुर्तीले दिखने लगे थे। ज्योतिषी बोले, "मैंने यह सब तेनालीराम के कहने से किया था। उनका कहना था कि मृत्यु के भय से आपका ज्यादा खाना-पीना, आलस और देर तक सोना सब छूट जाएगा, इस तरह आप पहले की तरह चुस्त हो जाएँगे। उनकी बात सत्य साबित हुई।" राजज्योतिषी की बात सुनकर महाराज मुसकराते हुए बोले, "हमें अपनी भूल का अहसास हो गया। आज से हम नियमित व्यायाम करेंगे, पौष्टिक भोजन करेंगे और आलस नहीं करेंगे।" तभी तेनालीराम मुसकराते हुए आए और बोले, "महाराज, एक राजा स्वस्थ होगा, तभी वह ठीक तरह से राजकाज चला पाएगा।" तेनालीराम की बात पर महाराज मुसकराते हुए बोले, "बिल्कुल ठीक कहते हो। तुम्हारे कारण ही हम आलस को त्याग पाए हैं। तुम हर कठिन-से-कठिन समस्या का समाधान ढूँढ़ लेते हो, इसलिए तो तुम मुझे बेहद प्रिय हो।"

तेनाली पाठ

स्वस्थ व्यक्ति ही जीवन के सुख उठा सकता है और कार्य को भली-भाँति कर सकता है। दुर्बल और बीमार व्यक्ति का कार्य में मन नहीं लगता। इसलिए बीमारी से दूर रहने के लिए नियमित व्यायाम करना चाहिए, सकारात्मक विचारों के साथ कार्य करना चाहिए। आलस व्यक्ति के जोश और उत्साह पर भारी पड़ता है। यह एक ऐसा शत्रु है, जो बिना कुछ करे ही व्यक्ति को विनाश की ओर ले जाता है। इसलिए इससे दूर रहना चाहिए। स्वयं को स्वस्थ रखने के लिए नियमित रूप से व्यायाम करना चाहिए। फिटनेस ही व्यक्ति को शिखर पर ले जा सकती है।

□

19

तेनालीराम की तरह दर्द के नियम को समझें, क्या है दर्द का नियम

- हर समस्या इनसान का परिचय खुद से कराती है। —*जॉन मैकडॉनेल*
- कोई भी समस्या चेतना के उसी स्तर पर रहकर नहीं हल की जा सकती है, जिसपर वह उत्पन्न हुई है। —*अल्बर्ट आइंस्टीन*

क्या आप जानते हैं कि दर्द का नियम बिल्कुल गणित के नियमों की तरह होता है। यदि आप नियम को अच्छी तरह समझकर उसका अभ्यास करते रहते हैं तो आप उसमें पारंगत हो जाते हैं। आखिर क्या है वह नियम? आप भी अवश्य जानना चाहते होंगे। दर्द का नियम है कि "हर दर्द विकास की ओर ले जाता है, आपका परिचय आपसे कराता है और मंजिल तक पहुँचाता है।" जब भी व्यक्ति का सामना किसी दर्द से होता है तो वह स्वयं को अच्छी तरह से जानने लगता है। दर्द व्यक्ति को इस बात का सामना करने के लिए प्रेरित करता है कि वह कौन है और कहाँ है? दर्द पर व्यक्ति की प्रतिक्रिया ही उसे आगे खड़ा होने अथवा पीछे होने के लिए तैयार करती है। कोई भी व्यक्ति यह नहीं कहेगा कि उसे समस्याओं से प्रेम है अथवा समस्याएँ उसके जीवन में आती रहें। लेकिन कई व्यक्ति इस बात को अवश्य स्वीकार करेंगे कि दर्द के बीच ही उन्हें जीवन की सबसे बड़ी सफलता मिली। ऐसी अनेक वास्तविकताओं से इतिहास भरा हुआ है, जिनमें दर्द के कारण ही बेहतरीन कार्य हुए, जो इतिहास का स्वर्णिम हिस्सा बन गए। निम्न कहानी में भी दर्द के द्वारा ही इतिहास रचा गया।

एक दंपती हार्वर्ड यूनिवर्सिटी के कैंपस में पहुँचे। वे दोनों बहुत ही सीधे-सादे लग रहे थे। दंपती सचिव के पास जाकर बोले कि उन्हें प्रेसीडेंट से मिलना

"क्या आपको पता है कि एक बिल्डिंग कितने में बनती है? करीब 70 लाख डॉलर की इमारतें हैं यहाँ।" यह सुनकर पत्नी पति से धीरे से बोली, "क्या एक यूनिवर्सिटी आरंभ करने में इतना ही पैसा लगता है तो फिर क्यों न अपनी ही एक यूनिवर्सिटी आरंभ की जाए?"

है। सचिव ने एक नजर उनके सीधे-सादे व्यक्तित्व और कपड़ों पर डाली। काफी देर प्रतीक्षा करने के बाद वे प्रेसीडेंट के केबिन में पहुँचे। वहाँ पहुँचकर पत्नी बोली, "सर, हमारा प्रतिभाशाली बेटा हार्वर्ड यूनिवर्सिटी में पढ़ता था, पर दुर्भाग्यवश एक साल पहले उसका निधन हो गया।" यह कहकर पत्नी की आँखें नम हो गईं। पति बोले, "हमारे प्रतिभाशाली बेटे का आकस्मिक निधन एक बहुत बड़ा दर्द था। उस दर्द से उबरने के लिए हम अपने बेटे की याद में इस कैंपस में एक मैमोरियल बनवाना चाहते हैं।" दंपती की बातों से प्रेसीडेंट भी भावुक होकर बोले, "यह बड़ी दुखद बात है, लेकिन हम कैंपस में हर मृत छात्र की मूर्ति नहीं लगवा सकते।" इस पर पति-पत्नी दोनों एक साथ बोले, "नहीं, नहीं, हम यहाँ मूर्ति नहीं, बल्कि एक बिल्डिंग बनवाने की सोच रहे हैं।" दंपती की बातें सुनकर प्रेसीडेंट आश्चर्य से अपनी कुरसी से उठते हुए बोले, "क्या आपको पता है कि एक बिल्डिंग कितने में बनती है? करीब 70 लाख डॉलर की इमारतें हैं यहाँ।" यह सुनकर पत्नी पति से धीरे से बोली, "क्या एक यूनिवर्सिटी आरंभ करने में इतना ही पैसा लगता है तो फिर क्यों न अपनी ही एक यूनिवर्सिटी आरंभ की जाए?" पति ने इस पर सहमति जताई। प्रेसीडेंट दोनों की बातों से बेहद उलझन में थे। इसके बाद मिस्टर व मिसेज लीलैंड स्टेनफोर्ड वहाँ से चले गए। कुछ समय बाद उन्होंने कैलिफोर्निया में एक यूनिवर्सिटी की स्थापना की, जिसे आज 'स्टेनफोर्ड यूनिवर्सिटी' के नाम से जाना जाता है।

इस यूनिवर्सिटी की स्थापना का निर्णय मि. एवं मिसेज स्टेनफोर्ड ने बेहद दर्द और पीड़ा भरे समय में लिया, लेकिन उनका यह सूझबूझ और समझदारी भरा निर्णय एक अविस्मरणीय निर्णय बन गया।

दर्द को अवसर में कैसे बदलें

जीवन उतार-चढ़ाव भरा होता है, लेकिन मानवीय स्वभाव केवल चढ़ाव को पसंद करता है। यह संभव नहीं है। चढ़ाव पर चढ़ने के लिए नीचे से ही ऊपर जाना होता है। पक्षियों के पंख होते हैं, लेकिन आसमान में उड़ान भरने के लिए वे भी नीचे से ही उड़ते हैं। कोई पक्षी सीधा आसमान में जन्म नहीं लेता, उसका जन्म वृक्षों या जमीन के किसी कोने में ही होता है। जीवन की मुश्किलें और दर्द किसी-न-किसी

रूप में हर व्यक्ति को मिलने ही हैं। बस आपको तो उन मुश्किलों और दर्द को अवसर में बदलना आना चाहिए। प्रसिद्ध लेखिका वर्जीनिया सेटिर का कहना है कि "जीवन वैसा नहीं है, जैसा इसे होना चाहिए। यह तो वैसा ही है, जैसा यह है। फर्क इस बात से पड़ता है कि आप इससे कैसे निबटते हैं।" अपने दर्द को अवसर में बदलने के लिए अपने अंदर निम्न गुणों का विकास करें—

सदैव सकारात्मक रहें—सकारात्मक सोच दर्द को अवसर में बदलने के लिए प्रेरित करती है, जबकि नकारात्मक सोच व्यक्ति के दर्द को दंश में परिवर्तित कर देती है। जीवन में होनेवाली स्वाभाविक घटनाओं को रोका नहीं जा सकता, लेकिन सकारात्मक सोच के कारण उन्हें एक अलग नजरिए से अवश्य देखा जा सकता है।

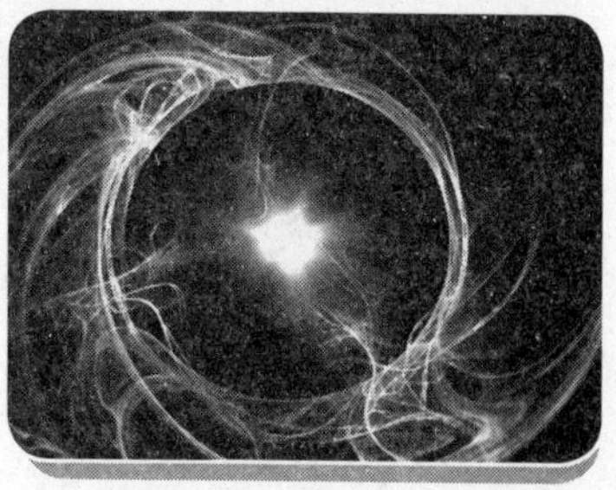

दुर्घटनाओं के समय परिस्थितियों को सृजनात्मक मोड़ पर लाएँ—कई बार बेहतरीन सृजन दर्द और दुर्घटनाओं के समय निकलता है, क्योंकि दर्द और पीड़ा के समय व्यक्ति अपनी पीड़ा को दूर करने के लिए समाधान ढूँढ़ता है। यह समाधान यदि सृजन की ओर ले जाता है तो व्यक्ति नवाचार करके सबको आश्चर्यचकित कर सकता है।

जिम्मेदार रहें—कुछ लोगों के साथ कई दुर्घटनाएँ इसलिए भी होती हैं, क्योंकि वे जिम्मेदार नहीं होते हैं और उनकी गैर-जिम्मेदाराना हरकतों से क्षति होती है। जिम्मेदार व्यक्ति हर कार्य को सकारात्मक दृष्टि से करता है। जिम्मेदारी की भावना दर्द में व्यक्ति के लिए अनेक अवसरों का सृजन करती है, जिसे पहचानकर व्यक्ति सफल हो सकता है।

दर्द के नियम को जीवन में कैसे उतारें

दर्द के नियम को जीवन में उतारने के लिए आप स्वयं से कुछ प्रश्न करें—

- मैं दर्द का सामना करने से बचता हूँ।
- मैं ईश्वर से प्रतिदिन यह प्रार्थना करता हूँ कि मेरे जीवन में कभी दर्द और पीड़ा न आए। इसके लिए मैं ईश-आराधना करता हूँ।

- मैं भाग्य में विश्वास करता हूँ और इसलिए यह मानता हूँ कि अनहोनी टल नहीं सकती। यह सोचकर मैं हर पीड़ा, समस्या और दर्द को सहना सीख गया हूँ।
- मैं दर्द भरे अनुभवों का तुरंत विश्लेषण कर उनमें सबक खोजने की कोशिश करता हूँ। हर सबक मुझे सीख एवं अनुभव प्रदान करता है।
- मैं दर्द का विश्लेषण कर सबक खोजता हूँ; इसके फलस्वरूप प्रोएक्टिव अंदाज में उसे दूर करने में जुट जाता हूँ।
- दर्द आने पर मैं स्वयं से कहता हूँ कि इसको हल करने से मेरे लिए नए अवसर उत्पन्न होंगे।

यदि उपरोक्त प्रश्नों में आप पहले तीन जवाबों से सहमत हैं तो आप दर्द के नियम से परिचित नहीं हैं। यदि अंतिम तीन जवाब पर आपकी सहमति है तो बधाई, क्योंकि आप दर्द के नियम को न केवल जानते हैं, बल्कि उसे बड़ी कुशलतापूर्वक हल भी कर लेते हैं। तेनालीराम भी दर्द के नियम को जानते थे, इसलिए वे चतुराई से अपने दर्द को अवसर में बदल लेते थे।

तेनालीराम ने किस तरह दर्द को अवसर में बदला

विद्वान् बोले, "संसार एक छलावा है। यह हमारी सोच है, जिसके कारण हमें लगता है कि हम देख-सुन रहे हैं, स्वाद ले रहे हैं, सूँघ रहे हैं और वस्तुओं को छू रहे हैं।" विद्वान् की बात पर सबने ताली बजाई, लेकिन तेनालीराम को यह बात हज्म नहीं हुई, इसलिए वे भीड़ को चीरते हुए आए और बोले"

एक दिन तेनालीराम के पास पूजा कराने के लिए उनके राजपुरोहित ताताचारी आए। उनके बारे में जानकर तेनालीराम के मन में महाराज कृष्णदेव राय से मिलने की उत्कंठा प्रबल हो गई। वे दिन-रात पुरोहित की सेवा में लग गए। तेनालीराम से विदा लेते समय पुरोहित ने उनसे वादा किया कि जब भी उन्हें विजयनगर में कोई काम हो तो उन्हें बताएँ। यह सुनते ही तेनाली को लगा कि अब महाराज से मिलना दूर नहीं। वे कुछ ही दिनों बाद विजयनगर पहुँच गए। फिर वे ताताचारी के घर पहुँचे, लेकिन लोगों ने उन्हें पुरोहित से मिलने नहीं दिया। तेनालीराम प्रतिदिन ताताचारी के घर जाते और अपना संदेशा भिजवाते। एक दिन ताताचारी का द्वारपाल बोला, "पुरोहितजी को हमने आपका संदेश दिया था, लेकिन वे तो आपको जानते भी नहीं। उन्होंने कहा है कि यदि आप दोबारा उनके द्वार पर नजर आएँ तो आपको धक्के मारकर निकाल दिया जाए।"

यह सुनकर तेनालीराम दंग रह गए। अब उन्होंने स्वयं ही महाराज कृष्णदेव राय से मिलने का निर्णय कर लिया। संयोगवश उस दिन वस्तुनिष्ठ आभास के यथार्थ पर विद्वानों के बीच वाद-विवाद था। इसलिए दूर-दूर से लोग इस वाद-विवाद को सुनने के लिए आए हुए थे। अन्य लोगों के बीच वे भी बैठे हुए थे। तभी एक विद्वान् बोले, "संसार एक छलावा है। यह हमारी सोच है, जिसके कारण हमें लगता है कि हम देख-सुन रहे हैं, स्वाद ले रहे हैं, सूँघ रहे हैं और वस्तुओं को छू रहे हैं।" विद्वान् की बात पर सबने ताली बजाई, लेकिन तेनालीराम को यह बात हज्म नहीं हुई, इसलिए वे भीड़ को चीरते हुए आए और बोले, "महोदय, क्या किसी चीज को खाने और सोचने में कोई अंतर नहीं है?" विद्वान् बोले, "नहीं।" इस पर तेनालीराम ने कहा, "ठीक है, फिर भोज होने पर आप केवल खाद्य पदार्थों को देखकर ही अपना पेट भर लेना, क्योंकि संसार के साथ ही भोजन भी एक छलावा है।" यह सुनकर सब लोग हँसने लगे और तेनालीराम की जय-जयकार करने लगे। तभी राजा कृष्णदेव राय तेनालीराम के पास आए और मुसकराते हुए बोले, "तुम बहुत हाजिरजवाब और समझदार लगते हो। मैं तुम्हारी हाजिरजवाबी से बेहद प्रभावित हुआ हूँ, इसलिए आज से तुम्हें राजविदूषक के पद पर नियुक्त करता हूँ।" यह सुनकर तेनालीराम दंग रह गए। उनकी नजर ताताचारी पर पड़ी। ताताचारी नीचे सिर करके बैठे हुए थे।

इस प्रकार तेनालीराम ने ताताचारी से मिली पीड़ा को अवसर में बदल लिया और राजविदूषक बन गए।

तेनाली पाठ

जीवन में मुसीबतें, समस्याएँ आती ही हैं। बुरे अनुभवों को सृजनात्मकता में बदलने से दर्द अवसर में बदल जाता है और व्यक्ति के लिए सफलता के नए द्वार खोलता है। मुसीबतों, समस्याओं से पीछा छुड़ाना तब तक असंभव है, जब तक उनका सामना न किया जाए। इसलिए उनसे भयभीत हुए बिना उनका सामना करें। जिम्मेदारी, सकारात्मकता और धैर्य से सोचकर दर्द को दूर करें और अपने जीवन को खुशियों से भरें।

□

20

तेनालीराम की तरह हास्यबोध बनाए रखें

हास्य क्या है ?

- अगर आप चाहते हैं, लोग आप पर हँसे नहीं तो खुद पर हँसनेवाला पहला व्यक्ति बनिए। —*बेंजामिन फ्रैंकलिन*
- मेरा दर्द किसी के लिए हँसने की वजह हो सकता है, पर मेरी हँसी कभी भी किसी के दर्द की वजह नहीं होनी चाहिए। —*चार्ली चैपलिन*

तेनालीराम एक ऐसे व्यक्ति थे, जिन पर कैरोलिन बर्मिंघम का यह उद्‌बोध बिल्कुल फिट बैठता है—"एक हल्की सी मुसकराहट होंठों से शुरू होती है, एक अच्छी मुसकान आँखों तक जाती है, एक हँसी पेट से निकलती है, लेकिन एक ठहाका आत्मा से फूटता है, ऊपर से बहता है और चारों ओर अपने बुलबुले छोड़ता है।" तेनालीराम का हास्यबोध हास्य एवं गंभीरता का इतना जबरदस्त अहसास लिये होता था कि उससे अर्थ भी बाहर निकल आता था और सबको हँसी की दवा भी मिल जाती थी। हँसी एक ऐसी दवा है, जो प्रत्येक व्यक्ति के पास निशुल्क मिलती है, लेकिन वे इस दवा का सदुपयोग नहीं करते और कई तो उपयोग ही नहीं करते। लोगों को दूसरों पर हँसना और खुद पर खिसियाना अच्छा लगता है, जबकि जीवन का असली आनंद तब प्राप्त होता है, जब इसका विपरीत हो जाए। खुद पर हँसनेवाला व्यक्ति मानसिक रूप से बहुत मजबूत बन जाता है और हर विपरीत परिस्थिति का मुकाबला सहजता से करने में सक्षम हो जाता है। तेनालीराम, बीरबल, गोपाल भांड इसके सशक्त उदाहरण हैं।

क्या आप जानते हैं कि हास्य क्या है ? हास्य एक रस है। जहाँ पर विचित्र स्थितियों या परिस्थितियों के कारण हास्य की उत्पत्ति होती है, उसे हास्य रस कहा

जाता है। इसका स्थायी भाव 'हास' होता है। हास्य हृदय को तब सुकून प्रदान करता है, जब यह अंतर्मन से निकलता है और इसका अभिप्राय किसी का अहित करना नहीं होता। चार्ली चैपलिन की हास्य क्षमता बेजोड़ थी। उन्होंने अपनी निर्धनता और मजबूरियों को हास्य के रंग में इस प्रकार लपेट दिया था कि हर व्यक्ति उनकी हास्य क्षमता का दीवाना हो गया था। आज भी चार्ली चैपलिन के हावभाव व्यक्ति को हँसा देते हैं। चार्ली चैपलिन एक ऐसे व्यक्तित्व थे, जिन्होंने मृत्यु के बाद भी अपने व्यक्तित्व से हास्य को अमर कर दिया। यही कारण है कि आज कई कार्यक्रमों में चार्ली चैपलिन के व्यक्तित्व को ओढ़कर हास्य के रंग बिखेरे जाते हैं, जो सबको सम्मोहित भी करते हैं। हास्य एक ऐसी कला है, जो चिंता में सुकून, दुःख में सुख एवं तनाव में शांति के दर्शन कराने में सफल रहती है। यदि आप दिन में पाँच बार खुलकर नहीं हँसते हैं तो इसका अर्थ है कि आप जीना भूल गए हैं। जीने के लिए हँसना बहुत जरूरी है।

हास्यबोध कैसे विकसित करें

हास्यबोध की क्षमता प्रत्येक व्यक्ति के अंदर होती है, लेकिन कई लोग जीवन की आवश्यकताएँ पूरी करने में इतने व्यस्त हो जाते हैं कि उनके अंदर से हास्य क्षमता क्षीण हो जाती है। आपके अंदर जितना अधिक हास्यबोध होगा, आप उतने ही अधिक खुश रहेंगे। इसलिए हास्यबोध को विकसित करिए। आप अपने अंदर हास्यबोध की क्षमता को निम्न तरह से विकसित कर सकते हैं—

हास्ययोग करें—बिना किसी कारण के देर तक हँसने की क्रिया को हास्ययोग कहते हैं। ऐसा माना जाता है कि हास्ययोग से शरीर को वही लाभ होते हैं, जो प्राकृतिक रूप से हँसने पर होते हैं। आजकल यह योग बहुत सामान्य है। आप भी इस योग को करके अपनी हास्य क्षमता को बढ़ा सकते हैं।

सूझबूझ वाली कहानियाँ पढ़कर—पुस्तकें हमेशा से मनोरंजन का एक सहज सुलभ साधन रही हैं। आजकल तो छपी पुस्तकों के साथ-साथ ऑनलाइन पुस्तकों की भरमार है। सूझबूझ वाली कहानियाँ, हास्य कहानियाँ, चुटकुले व्यक्ति को हँसाते हैं और पढ़ने के कारण उनकी हास्य क्षमता को भी विकसित करते हैं।

समय मिलने पर व्यक्तियों के साथ हास्य वाली बातें करके—तनाव लोगों के जीवन पर इस कदर छा गया है कि एक-दूसरे के मिलने-जुलने पर अकसर तनावभरी बातें अधिक होती हैं और उनके बीच हास्यबोध कहीं खो जाता है। हास्यबोध को विकसित करने के लिए हमेशा लोगों से मुसकराकर मिलें। किसी ऐसे विषय से बात प्रारंभ करें, जिसमें हँसी प्राकृतिक रूप से शामिल हो।

बच्चों के साथ समय बिताएँ—बालमन चंचल होता है। उनकी हाजिरजवाबी एवं मासूम बातें चेहरे पर प्राकृतिक मुसकराहट लेकर आती हैं, जो पूरे व्यक्तित्व को सुखद अहसास कराती हैं।

सकारात्मक रहकर—सकारात्मक मन में व्यर्थ की बातें अपनी जड़ नहीं जमा पातीं। इसलिए सदैव सकारात्मक रहें। अच्छे विचार मन को पोषण प्रदान करते हैं और हास्य क्षमता को बढ़ाते हैं।

निम्न तालिका को भरें—

आप दिन में कितनी बार हँसते हैं ? 1. दस बार 2. मुश्किल से एक या दो बार 3. पूरा दिन बिना हँसे निकल जाता है	जवाब........................
हँसी वाली बातों पर आप हँसते हैं 1. हमेशा 2. कभी-कभी 3. दिन भर समस्याओं पर ध्यान रहने के कारण हँसी ही नहीं आती।	जवाब........................
लोगों से मिलने पर हँसनेवाली कोई-न-कोई बात जरूर करते हैं 1. हमेशा 2. कभी-कभी 3. समस्याओं का रोना रोने में ध्यान ही नहीं रहता कि हँसी वाली बातें भी होती हैं।	जवाब........................

उपरोक्त तालिका में यदि आपका जवाब पहला वाला है तो आप एक जिंदादिल इनसान हैं, जो हास्य रस का बखूबी इस्तेमाल करते हैं।

यदि जवाब 2 है तो आपके अंदर से हास्य रस का लोप होने लगा है। इसे बनाए रखने के लिए ज्यादा-से-ज्यादा खुश रहें और हँसें।

यदि जवाब 3 है तो आपके लिए यही कहा जा सकता है कि कृपया हँसना सीखें।

हास्यबोध के लाभ

हँसने से व्यक्ति के तन-मन को ऊर्जा मिलती है। मनोवैज्ञानिकों का कहना है कि "जब हम हँसते हैं तो एंडोर्फिन रसायन का स्राव होता है। यह रसायन हमारी सहनशक्ति बढ़ाता है। प्राकृतिक दर्द निवारक का काम करता है। हँसने से अनेक लाभ होते हैं—

हास्य के माध्यम से अपनी बात को मनवाया जा सकता है—तेनालीराम एक विदूषक थे। उनकी हाजिरजवाबी एवं हास्य बातें महाराज कृष्णदेव राय को तनाव में भी हँसने पर मजबूर कर देती थीं। इसलिए वे तेनालीराम का बहुत सम्मान करते थे। हास्य के द्वारा अपनी बातों को हाजिरजवाबी के साथ सहजता से मनवाया जा सकता है।

रोजगार सुरक्षा को बढ़ाता है—कोई भी कंपनी ऐसे कार्मिकों को पसंद नहीं करती, जो बेहद क्रोधी और गंभीर स्वभाव के होते हैं। मार्केटिंग, मॉडलिंग जैसे व्यवसायों में तो मुसकराहट कार्मिक का सर्वप्रमुख गुण होता है। रोजगार की सुरक्षा को बढ़ाने का सबसे बढ़िया तरीका यही है कि कर्म करते हुए अपने हास्यबोध को सक्रिय रखा जाए।

सृजनशीलता की उत्पत्ति—जिन व्यक्तियों का हास्यबोध अच्छा होता है, वे सृजनशील प्रवृत्ति के होते हैं। हास्यबोध के कारण व्यक्तियों का मस्तिष्क एवं मन बहुत हल्का होता है और वे नवीन विचारों को आसानी से सोच पाते हैं। तनावग्रस्त मस्तिष्क में न ही सकारात्मक विचार आते हैं और न ही सृजनशीलता की उत्पत्ति होती है। हँसी प्रस्तुतियों को जीवंत कर देती है, दबाव घटाती है और सृजनशीलता में स्फूर्ति लाती है।

आत्मविश्वास बढ़ता है—हास्यबोध व्यक्ति के आत्मविश्वास को बढ़ाता है। जो व्यक्ति स्वयं पर हँस सकता है, वह हर विपरीत परिस्थिति को आत्मविश्वास के बल पर सँभाल सकता है।

हँसी एक औषधि है—हँसी एक ऐसी औषधि है, जिसका प्रयोग वक्त के अनुसार कभी भी, कहीं भी किया जा सकता है। प्रकृति ने व्यक्ति की संरचना बहुत सोच-समझकर की है। उसे हँसने की शक्ति दी है। हँसने से आंतरिक अंगों का व्यायाम हो जाता है। हँसी का जन्म फेफड़ों से होता है, जिससे कलेजे, आमाशय और दूसरे अंगों में थरथराहट होती है, दिल की धड़कन बढ़ती है और शरीर में खून का संचार तेजी से होने लगता है। डॉक्टर कहते हैं कि हँसी एक संपूर्ण शारीरिक प्रक्रिया है। खुलकर हँसने से वक्ष फैलता है और आंतरिक अंगों में सक्रियता उत्पन्न होती है जिससे शरीर स्वस्थ रहता है। इमर्सन कहते हैं कि 'जब भी संभव हो, हँसो। यह बड़ी सस्ती औषधि है।' हास्य गुण के कारण व्यक्ति बीमार नहीं होता। सुबह की हँसी पूरे दिन को खुशगवार बना देती है। रात की हँसी सुकून व चैन की नींद प्रदान करती है। हँसने से रोगी भी स्वस्थ हो जाते हैं। दिन में खुलकर हँसने से कैंसर, टी.बी व गठिया के मरीजों में भी सकारात्मक परिवर्तन देखे गए हैं। स्टर्न का कथन है कि 'ढीली-ढाली सेहत की दुर्बलताओं और दूसरी बुराइयों से बचने के लिए मैं हमेशा हँसी का सहारा लेता हूँ। जब व्यक्ति खिलखिलाता है तो उसकी जीवनशक्ति में वृद्धि हो जाती है।' हँसी की औषधि को महान् व्यक्तियों ने सदा जिंदादिली से प्रयोग किया है।

तेनालीराम ने जब हास्यबोध से सबका मुँह बंद किया

राजा कृष्णदेव राय हर बार होली के अवसर पर किसी एक व्यक्ति को 'महामूर्खराज' की उपाधि से विभूषित करते थे। यह उपाधि सबकी सर्वसम्मति से दी जाती थी। उपाधि पानेवाले को दस हजार स्वर्ण मुद्राएँ दी जाती थीं। यह पुरस्कार हर बार अपनी हास्यबोध क्षमता के कारण तेनालीराम को ही मिलता था। सभी दरबारी उनसे चिढ़ते थे। उन सभी ने मिलकर आपस में यह निर्णय किया कि कुछ भी हो, इस बार हम सब 'महामूर्खराज' की उपाधि तेनालीराम को नहीं लेने देंगे। इसके लिए दरबारियों ने तेनालीराम के पास एक सेवक भेज दिया। उस सेवक ने तेनालीराम को प्रसाद के बहाने भाँग पिला दी। जब महाराज कृष्णदेव राय को यह ज्ञात हुआ तो उन्होंने तेनालीराम को झाड़ लगाई। भाँग के कारण तेनालीराम अजीबोगरीब हरकतें कर रहे थे, जिससे सभी का हँस-हँसकर बुरा हाल था। महाराज तेनाली की अजीबोगरीब हरकतें देखकर बोले, "तुम महामूर्ख हो तेनालीराम!" यह सुनकर तेनालीराम अजीब सी हरकतें करते हुए बोले, "नहीं महाराज, मैं महामूर्ख नहीं हूँ? आपके सिवा कोई और कह दे तो मानूँ कि मैं महामूर्ख हूँ।" यह सुनते ही सभी

दरबारी चिल्लाकर बोले, "हाँ-हाँ महाराज, तेनालीराम मूर्ख ही नहीं, सबसे बड़ा मूर्ख है।" यह सुनकर तेनालीराम मुसकराते हुए बोले, "महाराज, मेरा इनाम दीजिए। यहाँ उपस्थित सभी लोगों ने मुझे आज महामूर्ख की उपाधि दे दी है।" यह सुनते ही दरबारियों ने दाँतों तले उँगली दबा ली। एक बार फिर से तेनालीराम ने अपनी हास्यबोध क्षमता के कारण दस हजार स्वर्ण मुद्राएँ पा लीं। दरअसल चतुर तेनालीराम ने भाँग नहीं पी थी, उसे दरबारियों की चालों का पहले से पता था, इसलिए ज्यादा होशियारी से उसने दरबारियों का वार उन पर ही कर दिया था।

तेनाली पाठ

हाजिरजवाब एवं हास्य का पुट लिये हुए व्यक्ति को सभी पसंद करते हैं। वह व्यक्ति, जो चतुराई से तनाव भरे माहौल को भी अपनी हास्यबोध क्षमता के कारण हल्का कर देता है, सभी को पसंद आता है। इसलिए अपनी हास्यबोध क्षमता को निखारते रहना चाहिए। सकारात्मक सोच के साथ ही हास्य क्षमता बढ़ानेवाली पुस्तकें पढ़नी चाहिए। तनाव के समय हास्यपूर्ण कथाएँ एवं कार्टून देखकर मन को शांत करना चाहिए। जो व्यक्ति खुलकर हँसते हैं, वे कम बीमार पड़ते हैं। हास्यबोध के कारण ही व्यक्ति की सृजनशीलता निखरकर आती है और उसमें आत्मविश्वास का विकास होता है। आत्मविश्वास से परिपूर्ण व्यक्ति हर परिस्थिति को चतुराई से सुलझा लेता है।

□

21

तेनालीराम की तरह भाषा और शब्दों के ज्ञानी बनें

कौन सी भाषा/कैसी भाषा

- शिकायत करने की अपनी गहरी आवश्यकता को संतुष्ट करने के लिए ही मनुष्य ने भाषा ईजाद की है। *—लिली टॉमलिन*
- जिस देश को अपनी भाषा और साहित्य का गौरव का अनुभव नहीं है, वह उन्नत नहीं हो सकता। *—बाबू राजेंद्र प्रसाद*

आप कौन सी और कैसी भाषा जानते हैं ? हिंदी/अंग्रेजी/मराठी/तमिल/भोजपुरी अथवा अन्य। भाषा वह साधन है, जिसके द्वारा व्यक्ति अपने विचारों को व्यक्त करते हैं। इसके लिए व्यक्तिवाचिक ध्वनियों का प्रयोग करता है। भाषा के द्वारा व्यक्ति मन की बात बताता है। भाषा केवल मनुष्यों की ही नहीं होती, अपितु प्रत्येक जीव-जंतु की होती है। हर जीव जंतु अपनी भाषा में बातें करते हैं। चींटी से लेकर हाथी तक की भाषा होती है। पीड़ा एवं प्रसन्नता हर स्थिति को हर प्राणी अपनी अपनी भाषा में व्यक्त करता है। पृथ्वी पर मनुष्य एक ऐसा प्राणी है, जिसमें न केवल मस्तिष्क है, अपितु उसमें बोलने का गुण भी विद्यमान है।

व्यक्ति ने भाषा का विकास समय के साथ-साथ किया। पहले उसने दीवारों पर सांकेतिक चिह्न बनाने प्रारंभ किए, अपने मुख से निकलनेवाली ध्वनियों को वस्तुओं-पदार्थों से जोड़ा। इसके बाद इस बात की खोज की गई कि किस शब्द को किस वस्तु से जोड़ा जाएगा। अब तो भाषा का विकास इतनी त्वरित गति से हो चुका है कि यह मानव जीवन में उसके जन्म के साथ ही विकसित

होनी प्रारंभ हो जाती है। एक नया जन्म लेनेवाला शिशु अपने माता-पिता एवं आस-पास के लोगों की बातों को, ध्वनियों को, बोलने के तरीके को पहचानने लगता है और केवल दस माह में ही वह उनकी बातों पर प्रतिक्रिया देनी आरंभ कर देता है।

व्यक्ति अपने देश और परिवेश के अनुसार भाषा सीखता और समझता है। मगर यह भाषा उसके विकास को गति नहीं देती, बल्कि वह भाषा उसके विकास की धुरी बनती है, जो वह मस्तिष्क में बनाता है। कुछ लोगों की मानसिकता बेहद परिपक्व और कइयों की मानसिकता बेहद निम्न देखने को मिलती है, इसके पीछे प्रमुख कारक यही है कि उनके परिवेश एवं काल में भी वैसा ही बोला और जाना जाता है। हालाँकि अपवाद भी देखने को मिलते हैं। इन अपवादों का कारण भी यही है कि ऐसे व्यक्ति अपने मस्तिष्क की मानसिकता सुदृढ़ बना लेते हैं, इसलिए स्थानीय भाषा, रीति-रिवाज, परंपराओं आदि से हटकर स्वस्थ एवं सकारात्मक भाषा का चुनाव करते हैं। स्वस्थ भाषा रीति-रिवाजों एवं परंपराओं में भी लिपटी हो सकती है और इनसे इतर भी। जो परंपराएँ एवं रिवाज देश के कल्याण के लिए होते हैं, वे सही होते हैं।

हमारा देश बहुभाषी है। यहाँ पर विविध प्रकार की भाषाएँ एवं बोलियाँ बोली जाती हैं। उनका विकास भी समाज के अनुरूप ही होता है। व्यक्ति चाहे कोई भी भाषा बोले, लेकिन उसके मस्तिष्क की भाषा वह बनती है, जो वह सोचता है, समझता है और उसी के अनुसार कर्म करता है।

खुशी की बात यह है कि मस्तिष्क की भाषा यदि नकारात्मक है तो उसे प्रोग्रामिंग करके सुधारा जा सकता है। यह मनुष्य जीवन की एक बहुत बड़ी खासियत है। इस खासियत के कारण व्यक्ति अवनति से उन्नति की ओर बढ़ सकता है।

भाषा की प्रोग्रामिंग

भाषा की प्रोग्रामिंग बचपन से ही व्यक्ति के जीवन का एक अंग बन जाती है। शैशवास्था में व्यक्ति को कुछ ज्ञात नहीं होता। विकास के साथ-साथ वह अपने आसपास के लोगों के हाव भावों और उनकी बातें समझकर जीवन के सिद्धांत समझता है, अपने बारे में जानता है। उसे यह ज्ञात होता है कि उसका एक नाम है, जाति है, माता-पिता हैं, भाई बहन एवं अन्य संबंधी हैं। धीरे-धीरे वह अपने आसपास के परिवेश को समझता है। स्कूल जाने पर वह शिक्षकों एवं अन्य विद्यार्थियों की बातों को सुनता है। घर में वह अपने बारे में अनेक प्रतिक्रियाएँ सुनता है, जैसे—

- तुम बहुत समझदार हो।
- तुम सबकुछ कर सकते हो।
- जीवन में कुछ भी असंभव नहीं होता।
- बेशक कक्षा में तुम प्रथम नहीं आए, लेकिन तुम्हारी विभिन्न प्रतिभा तुम्हें कामयाब बनाएगी।
- हमें हम तक पहुँचनेवाली हर वस्तु के प्रति कृतज्ञ होना चाहिए कि वह हमारे हाथों में है।
- पुस्तकें हमें ज्ञान देती हैं, इसलिए हमें उनके प्रति कृतज्ञ होना चाहिए। उनका सम्मान करना चाहिए।

उपरोक्त वाक्य आपमें से कितनों ने अपने माता-पिता अथवा संबंधियों से सुने हैं।

यदि आपने सुने हैं तो मुबारक हो, क्योंकि आपकी प्रोग्रामिंग बिल्कुल सही हो रही है। अब निम्न वाक्यों को पढ़िए—

- तुम कितने नालायक हो?
- तुम जीवन में कुछ नहीं कर सकते।
- सामनेवाले बच्चे को देखा है, सारा दिन पढ़ता रहता है और तुम केवल पेंटिंग में लगे रहते हो।
- तुम्हारी कक्षा का बच्चा प्रथम आया और तुम केवल पास हुए। तुम्हारे अंदर तो दिमाग ही नहीं है।
- मैंने तुमसे चीनी लाने को कहा था, गुड़ क्यों लेकर आए? तुम जीवन में कभी कोई काम ठीक से नहीं कर सकते। बुद्धू कहीं के!

अगर आपने उपरोक्त वाक्यों को अपने जीवन में बार-बार सुना है तो बेहद दुःख की बात है कि आपकी भाषा की प्रोग्रामिंग नकारात्मक हो रही है। रोज-रोज ऐसी नकारात्मक बातें सुनकर व्यक्ति अपने मस्तिष्क के अवचेतन मन में यह बात बैठा लेता है कि वह नालायक है और कुछ नहीं कर सकता। इस तरह उसकी प्रतिभा दब जाती है और एक जीवन बरबाद हो जाता है।

सँभल जाइए, अभी भी वक्त है, क्योंकि यह पुस्तक आपके हाथों में है। तेनालीराम के मस्तिष्क की प्रोग्रामिंग इतनी सकारात्मक थी कि वे हर अवसाद में प्रसन्नता उत्पन्न कर देते थे और हर बिगड़े कार्य को सँवार देते थे। यदि आप भी

उनकी तरह बनना चाहते हैं तो अपने मस्तिष्क की सकारात्मक प्रोग्रामिंग करने के लिए सकारात्मक पुस्तकें पढ़िए, खुलकर हँसिए, आत्मविश्वास बढ़ाइए और अपने मन में बार-बार यह बोलते रहिए कि आप सबकुछ कर सकते हैं। जब आप अपने बारे में अच्छी और सकारात्मक बातें बार-बार बोलते रहेंगे तो ये बातें आपके अवचेतन मन में बैठ जाएँगी और आपकी हर मुश्किल को आसान कर देंगी।

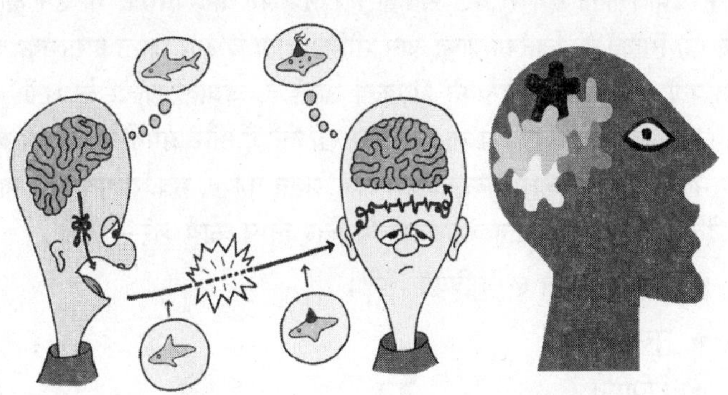

निम्न को भरें—

- आप कितनी भाषाएँ जानते हैं?

  ....

- आप दिन में कितने शब्द नए बोलते हैं?

  ....

- आप सकारात्मक शब्दों का अधिक प्रयोग करते हैं अथवा नकारात्मक शब्दों का?

  ....

- यदि कोई व्यक्ति लगातार नकारात्मक शब्दों का प्रयोग कर आप पर आरोप लगा रहा है तो आप क्या करेंगे?

  ....

  ....

  ....

उपरोक्त प्रश्नोत्तरी को हल करके आप यह भली-भाँति जान जाएँगे कि

आपका शब्द और भाषा-ज्ञान पर कितना अधिकार है ?

शब्दज्ञान बढ़ाएँ

भाषा की प्रोग्रामिंग में शब्दज्ञान का बहुत बड़ा हाथ होता है। जिस व्यक्ति को भाषा के शब्दों की जितनी अधिक जानकारी होती है, वह अपनी बात को उतने ही अधिक प्रभावशाली ढंग से कह सकता है। अकसर वाद-विवाद भी उन लोगों में देखने को मिलते हैं, जिनका शब्द ज्ञान सीमित होता है और जो नकारात्मक वाक्यों को अपनी ओर उछलते देखकर बौखला उठते हैं, जबकि शब्दों के धनी व्यक्ति नकारात्मक उछलते वाक्यों से चाट बनाकर खा लेते हैं और अपनी हाजिरजवाबी एवं कलात्मक भाषा से नकारात्मक परिवेश एवं स्थिति को भी सकारात्मक एवं सामान्य बना देते हैं। अपने शब्दज्ञान को बढ़ाने के लिए निम्न कार्य करें—

- समाचार-पत्र एवं पत्रिकाएँ पढ़ें।
- पुस्तकें पढ़ें।
- नियमित रूप से अपने शब्दों में कुछ लिखने की आदत डालें।
- विभिन्न विषयों पर लोगों से बातचीत करें।
- नकारात्मक वाक्यों एवं कार्यों को सकारात्मक वाक्यों में परिवर्तित करने का प्रयास करें।

तेनालीराम ने भाषा की प्रोग्रामिंग का जादू चलाया

एक बार राजा कृष्णदेव राय का दरबार लगा हुआ था। महाराज सभी दरबारियों से राजकाज की बातें कर रहे थे और उनसे प्रशासन में आनेवाली परेशानियाँ पूछ रहे थे। दरबारी अपने-अपने सुझाव भी दे रहे थे। तेनालीराम ने भी अपना एक सुझाव दिया। उस सुझाव को सुनकर सभी दरबारी तेनालीराम का मजाक उड़ाने लगे। यह बात तेनालीराम के साथ ही महाराज को भी पसंद नहीं आई। तेनालीराम अपने स्थान से उठे और दरबारियों की ओर देखकर बोले, "मुझे यह कहते हुए बहुत दुःख हो रहा है कि यहाँ बैठे आधे लोग महामूर्ख हैं। बड़े अफसोस की बात है कि मुझे ऐसे लोगों के साथ काम करना पड़ता है।" यह सुनकर दरबारी बुरी तरह तिलमिला उठे। बात बढ़ गई और दरबारियों ने कहा कि तेनालीराम अपने शब्द वापस लेते हुए उनसे माफी माँगें। महाराज ने बात को वहीं रफा-दफा करने के उद्‌देश्य से तेनालीराम से दरबारियों की बात मानने को

कहा। महाराज की बात सुनकर तेनालीराम बोले, "यहाँ उपस्थित सभी महानुभवों का मैं आदर करता हूँ और कहता हूँ कि यहाँ बैठे आधे लोग महामूर्ख नहीं हैं।" यह सुनकर दरबारी उलझन में पड़ गए कि तेनाली ने क्या कहा? जब तक उन्हें अर्थ समझ आया, महाराज और तेनाली दोनों ही दरबार से जा चुके थे। इस तरह तेनालीराम ने अपनी भाषा एवं शब्दों की कला के माध्यम से दरबारियों की जूती दरबारियों के सिर पर ही मार दी।

तेनाली पाठ

चतुर एवं प्रतिभावान व्यक्तियों से ईर्ष्या करनेवाले व्यक्तियों की कमी नहीं होती। इसलिए उनसे लड़ने के बजाय बचना चाहिए और अपनी सकारात्मक सोच और भाषा-ज्ञान से उन्हें चारों खाने चित्त कर अपने काम में लग जाना चाहिए। सदैव सकारात्मक सोच व्यक्ति को विकास की ओर ले जाती है। जिन व्यक्तियों की मानसिक प्रोग्रामिंग सही होती है, वे जीवन में उन्नति करते हैं और हर बाधा को इस तरह से मोड़ लेते हैं कि वह अवसर बन जाती है।

□

22

तेनालीराम की तरह ऊन के नियमों को जानें

ऊन

- सपनों का स्वेटर खूबसूरत डिजाइन और बढ़िया ऊन के साथ बुना। लेकिन जब तक वह बुना गया, तब तक ठंड का मौसम अलविदा कह गया।

  —रेनू सैनी

इनसान ने ऊन बनाना कब सीखा, इसका कोई स्पष्ट प्रमाण नहीं है, लेकिन जब व्यक्ति ने अपनी आवश्यकताओं के लिए पशु-पक्षियों के द्वारा दूध एवं भोजन का प्रयोग करना आरंभ कर दिया तो फिर उन्होंने उन्हें अन्य कार्यों के लिए प्रयोग करना आरंभ कर दिया। बकरी और भेड़ से उन्होंने ऊन बनाने की शुरुआत की होगी। इस बात के प्रमाण मिलते हैं कि प्रागैतिहासिक काल में लोगों ने ऊन के बारे में जान लिया था। यज्ञोपवीत के लिए भी ऊन को श्रेयस्कर माना जाता है। हमारे चार वेद हैं। इनमें सबसे प्राचीन ऋग्वेद है। ऋग्वेद में गड़रियों के देवता पशम की आराधना का उल्लेख है, जिसमें ऊन कातने का संकेत भी मिलता है। मिस्र और बेबीलोन की कब्रगाहों से भी ऊन के टुकड़े मिले हैं। इस प्रकार यह स्पष्ट हो जाता है कि ऊन का प्रयोग व्यक्ति ने विकास के साथ-साथ आरंभ कर दिया था। ऊन केरोटिन नामक प्रोटीन से बनती है। यह केरोटिन प्रोटीन हमारे बाल, नाखून, चिड़ियों के पंख एवं जानवरों के सींगों में पाया जाता है। ऊन की अनेक किस्में होती हैं। कुछ किस्में उत्तम होती हैं और उनसे बननेवाले ऊनी कपड़े भी अधिक आरामदायक और मौसम से बचाव करनेवाले होते हैं। ऊन मुख्यतः मेमनों, बकरी, भेड़, खरगोश, याक एवं मिथुन से प्राप्त होती है। ऊन की कीमत नस्ल के हिसाब से तय की जाती है।

ऊन के उपयोग

ऊन का प्रयोग मुख्यत: मौसम से बचाव के लिए किया जाता है। ऊनी कपड़ा गरम होता है और यह व्यक्ति को गरमाहट प्रदान करता है, उसे शीत के प्रकोप से बचाता है। सोचिए यदि ऊन न होती तो व्यक्ति स्वयं को मौसम से कैसे बचाता ? ऊनी कपड़ों के माध्यम से व्यक्ति शीतकालीन ऋतु का आनंद सहजता से उठाता है। आज मौसम से बचाव के लिए ऊन से हर तरह के कपड़े बनाए जा सकते हैं। इनमें मोजे, स्वेटर, बनियान, दस्ताने, टोपी, शॉल, मफलर आदि प्रमुख हैं। व्यक्ति एक ऐसा प्राणी है, जो न केवल बुद्धिमान है अपितु समयानुरूप विकास करने में भी बेहद चतुर है। जब व्यक्ति को यह ज्ञात हुआ कि ऊन गरम होती है तो उसने ऊन का प्रयोग अनेक तरह से करना सीख लिया। अब बाजारों में तरह-तरह के, बढ़िया डिजाइनों में ऊन की सामग्री आसानी से मिल जाती है। अनेक रंगों की ऊन के द्वारा अनेक ऊनी कपड़ों को तैयार किया जा सकता है। ऊनी कपड़ों के अलावा विभिन्न रंगों एवं किस्मों की ऊन भी बाजारों में देखने को मिलती है। ऊन से अनेक महिलाएँ सुंदर बुनाई करती हैं। ऊन का प्रयोग मौसम की मार से बचने के अलावा अब ड्राइंग-रूम की साज-सज्जा का केंद्र भी बन गया है। ड्राइंग-रूम में ऊन की बुनाई करके मनचाही आकृतियों को दीवारों पर लगाया जा सकता है। इससे घर में कलात्मकता के दर्शन होते हैं और आनेवाले व्यक्तियों को भी ऊनी मनमोहक आकृतियाँ आकर्षित करती हैं।

ऊन का नियम

ऊन का एक बहुत साधारण सा नियम है। इसकी जब बुनाई की जाती है, यह तभी प्रयोग में आता है और महत्त्वपूर्ण बनता है। यदि ऊन से कपड़ों की बुनाई न की जाए तो यह न ही प्राणियों को सर्दी से बचा पाए और न ही उनकी साज-सज्जा के काम आए। जब-जब ऊन को बुना जाएगा यह तब-तब काम आएगा। जिस तरह ऊन की बुनाई करने पर ऊनी कपड़ों में जान आती है, वैसे ही मनुष्य को भी

सराहना तब मिलती है, जब वे कार्य को करते हैं। जो व्यक्ति केवल हाथ-पर-हाथ रखकर बैठे रहते हैं, वे ऊन के उस गोले के समान हैं, जिनके होने अथवा न होने से कोई विशेष फर्क नहीं पड़ता। ऊन की सार्थकता उसकी बुनाई में है। व्यक्ति की सार्थकता भी उसके मेहनत करने में है। मेहनती व्यक्ति उस खूबसूरत स्वेटर की तरह होते हैं, जिसे देखकर हर कोई उसे प्राप्त करने को लालायित रहता है। यदि खूबसूरत स्वेटर को बुना नहीं जाता तो उसकी सुंदरता निखरकर नहीं आती। व्यक्ति की काबिलीयत भी तभी निखरती है, जब वह मेहनत करता है और लगन से काम करता है। ऊन की बुनाई करने में और मनुष्य के काम करने में एक साम्यता यह है कि यदि डिजाइन अच्छा न बनें तो उसे उधेड़कर दोबारा बनाया जा सकता है। उसी तरह यदि मनुष्य को एक बार में सफलता न मिले तो वह दोबारा से काम को दोगुनी मेहनत एवं एकाग्रता से करके सफल बन सकता है। इन सब में उन सलाइयों अथवा मशीनों को नहीं भूला जा सकता, जो ऊनी वस्त्रों को तैयार करती हैं। हमारे जीवन में भी ऐसे कई लोग होते हैं, जो ऊन की सलाइयों की तरह हमारे जीवन को बुनने में मदद करते हैं। इसलिए ऐसे व्यक्तियों के प्रति सदैव कृतज्ञ रहें। कृतज्ञता प्रकट करने से हर कार्य में आनंद आता है।

तेनालीराम ने ऊन के नियम को अपनाकर सफलता पाई

एक दिन दरबार में तेनालीराम अनुपस्थित थे। अन्य दरबारी तेनालीराम की बुद्धिमत्ता और सफलता से चिढ़ते थे। अवसर देखकर वे महाराज से बोले, "महाराज, आप तेनालीराम को हम सबमें सर्वाधिक बुद्धिमान मानते हैं, जबकि वह इतना बुद्धिमान नहीं है।" महाराज कृष्णदेव राय मुसकराते हुए बोले, "वह तुम सबमें सर्वाधिक बुद्धिमान है, क्योंकि वह हर काम को बहुत सूझबूझ से करता है।" दरबारी इस बात पर सहमत नहीं हुए और बोले, "महाराज, इस बार आप हमें तेनालीराम को बताया जानेवाला काम बताइए, देखिए हममें से कोई-न-कोई दरबारी तेनालीराम से अधिक कुशलता से उस कार्य को कर पाएगा।" यह सुनकर महाराज मुसकराते हुए बोले, "ठीक है, यह काम अभी करते हैं।" तुम सभी दरबारी देखकर आओ कि शाही बाग में कितने मोर हैं?" यह आसान सा प्रश्न सुनकर दरबारी आश्चर्य से महाराज की ओर देखने लगे कि

> *महाराज बोले, "बाग में कुल कितने मोर हैं?" सभी दरबारियों ने एक स्वर में कहा, "सत्तर मोर हैं।" इसके बाद महाराज ने कहा, "उनमें से कितने मोर सफेद रंग के हैं, कितने विदेशी हैं, कितने पेड़ों पर थे, कितने मोर नाच रहे थे और कितने मोर दाना चुग रहे थे।"*

भला यह भी कोई सवाल है? सभी दरबारी एक एक कर गए और मोरों की गिनती कर आए। सबके लौटने पर महाराज बोले, "बाग में कुल कितने मोर हैं?" सभी दरबारियों ने एक स्वर में कहा, "सत्तर मोर हैं।" इसके बाद महाराज ने कहा, "उनमें से कितने मोर सफेद रंग के हैं, कितने विदेशी हैं, कितने पेड़ों पर थे, कितने मोर नाच रहे थे और कितने मोर दाना चुग रहे थे।" इतने सारे प्रश्नों की बौछार सुनकर दरबारी बोले, "पर आपने हमें यह सब करने को नहीं कहा था।"

महाराज कुछ जवाब देते, तभी तेनालीराम दरबार में आ गए। तेनालीराम को देखकर एक दरबारी बोला, "महाराज, अब वही प्रश्न तेनालीराम को हल करने को कहिए। आखिर यह सबसे बुद्धिमान जो ठहरा।" महाराज मुसकराकर बोले, "तेनालीराम जाओ, बाग में मोरों की गिनती करके आओ।" तेनालीराम गया। वापस लौटने पर बोला, "महाराज कुल सत्तर मोर हैं, बाइस मोर सफेद हैं, 11 विदेशी मोर हैं, चालीस पेड़ों पर थे। सात नाच रहे थे और तेईस दाना चुग रहे थे।" तेनालीराम के मुँह से महाराज के बोले बिना ही यह सब सुनकर दरबारी दंग रह गए। महाराज दरबारियों से बोले, "अब तो तुम सब समझ गए कि तेनाली तुममें सर्वाधिक बुद्धिमान क्यों है! क्योंकि यह हर काम को सर्वश्रेष्ठ तरीके से करता है। यह ऊन की बुनाई करना जानता है, जबकि तुम सब केवल ऊन की तरह पड़े रहते हो। बुनी गई ऊन ही नजरों में आती है केवल ऊन नहीं।" यह सुनकर तेनालीराम मंद-मंद मुसकराने लगे और दरबारी हाथ मलते रह गए।

तेनाली पाठ

व्यक्ति जितना अधिक खुद को बुनता है, वह उतना ही अधिक गुणवान बनता है। ऊन का महत्त्व उसकी बुनाई से बढ़ता है, क्योंकि बुनकर ही उसे प्रयोग करने योग्य बनाया जाता है। जिस तरह खाली ऊन का महत्त्व नहीं है, उसी तरह व्यक्ति की श्रेष्ठता भी तभी सिद्ध होती है, जब वह मेहनत करके काम करता है और आगे बढ़ता है। ऊन को अनेक डिजाइनों में बुनकर आकर्षक बनाया जा सकता है, उसी तरह व्यक्ति भी स्वयं को योग्य बनाकर, निरंतर अभ्यास करके हर काम में सफलता प्राप्त कर सकता है और तेनालीराम की तरह योग्य व्यक्तियों का प्रिय बन सकता है।

□

23

तेनालीराम से सीखें सदा खुश रहना

खुशी क्या है ?

- अपने आप पर यकीन रखो! अपनी क्षमताओं पर विश्वास करो! अपनी शक्तियों में विनम्र और उचित विश्वास के बिना आप सफल या खुश नहीं हो सकते। *—नॉर्मन विसेंट पील*
- कोई फर्क नहीं पड़ता कि कितनी बुरी चीजें हैं, आप कम-से-कम इतने में ही खुश रह सकते हैं कि आप आज सुबह उठ गए। *—डी.एल. हुग्ले*

आप कब खुश होते हैं ?

- परीक्षा में टॉप करने पर।
- नौकरी प्राप्त होने पर।
- अच्छा भोजन मिलने पर।
- नए वस्त्र पहनकर।
- ढेर सारे रुपए पाकर।
- किसी से प्रशंसा मिलने पर।
- अच्छी मूवी देखने पर।
- मनपसंद जीवनसाथी मिलने पर।

कई लोगों के लिए इनमें से बहुत सारी बातें ऐसी होंगी, जिन्हें पाकर वे खुश होते हैं ? क्या वाकई खुशी परीक्षा में टॉप करना, नौकरी मिलना, नए वस्त्र पहनना, अच्छा भोजन आदि पाना है। अगर हाँ तो इनके मिलने के कुछ समय बाद मन उदास क्यों हो जाता है और यदि नहीं तो फिर खुशी क्या है, यह कहाँ पर मिलती है ?

खुशी दरसअल मन की एक अवस्था है। इसे मन के अंदर ही प्राप्त किया जा सकता है। भौतिक वस्तुएँ क्षणिक आनंद प्रदान करती हैं, लेकिन खुशी नहीं। खुशी तो वह अवस्था है, जिसे प्रकृति ने निशुल्क प्रदान किया है, लेकिन व्यक्ति उसकी कीमत निर्धारित कर लेता है। जो व्यक्ति खुश होने का मंत्र सीख जाता है, उसके लिए भौतिक वस्तुओं की प्राप्ति का अधिक महत्त्व नहीं होता, क्योंकि वह उनके न रहने पर और विपरीत परिस्थितियों में भी खुश रहना जानता है।

हर व्यक्ति को खुशी चुनने का अधिकार है, मगर बेहद अफसोस की बात है कि लोग अकसर खुशी का चुनाव करने में हड़बड़ा जाते हैं और उसकी तलाश में इधर-उधर घूमते हैं। मृग की नाभि कस्तूरी होती है, लेकिन वह उसे कहीं ओर खोजने का प्रयास करता है। जब कस्तूरी स्वयं मृग के अंदर ही है तो फिर भला वह उसे कहीं और कैसे मिल सकती है? इसी तरह खुशी मन के अंदर ही है, उसका चुनाव करने पर व्यक्ति हर दिन खुश रह सकता है।

आप खुश क्यों नहीं रह पाते?

प्रत्येक व्यक्ति खुश रहने की कामना करता है, लेकिन रहता नहीं। इसका प्रमुख कारण यह है कि व्यक्ति अपने मन में बेवजह के अवसादों से चिंताग्रस्त रहता है। वह उन काल्पनिक चिंताओं की छवि को हृदय में आकार देकर रखता है, जिनका कोई अस्तित्व ही नहीं है अथवा शायद कभी हो भी नहीं। इसी तरह कई बार व्यक्ति पुरानी पीड़ाओं के घाव को पीड़ामुक्त होने के बाद भी स्मरण करता रहता है। हमारे हृदय में अवचेतन मन 24 घंटे उपस्थित रहता है। यह अवचेतन मन व्यक्ति के अंतर्मन में रहता है। यह प्रत्यक्ष रूप से नहीं दिखता, लेकिन अप्रत्यक्ष रूप से व्यक्तियों के चेहरे पर अवश्य दिखाई देता है। जो व्यक्ति काल्पनिक परेशानियों को दिन-रात सोचते रहते हैं, अवचेतन मन में उन काल्पनिक परेशानियों का बोझ बढ़ता रहता है। व्यक्ति के चेहरे पर उन काल्पनिक परेशानियों के बोझ बीमारी, चिंता, क्रोध, ईर्ष्या के रूप में उजागर होते रहते हैं।

जंगल में एक खरगोश उछल-कूद करते हुए एक पेड़ के पास आया। उस पेड़ का ठूँठ निकला हुआ था। खरगोश ठूँठ से टकरा गया और उसे चोट आ गई। ठीक होने के बाद भी वह कई बार उस ठूँठ से अनजाने में टकराता रहा। कुछ समय बाद उस पेड़ को काट दिया गया। अब न ही वहाँ ठूँठ था और न ही पेड़। लेकिन फिर भी वह खरगोश उस ठूँठ वाली जगह पर आकर रुक जाता था, क्योंकि उसके अवचेतन मन में यह बात घर कर गई थी कि उस स्थान पर उगे ठूँठ से उसे कई

बार चोट पहुँची थी। खरगोश अपने अवचेतन मन की रीप्रोग्रामिंग नहीं कर कर पाया कि अब वह ठूँठ उसे कभी चोट नहीं पहुँचा सकता, क्योंकि उसका नामोनिशान मिट चुका था। इसी तरह मनुष्य भी करते हैं। वे कई सालों पुरानी चोटों और चिंताओं से बाहर निकलना ही नहीं चाहते, बेशक अब उन पुरानी चोटों से संबंधित कोई कहानी या निशान न बचा हो। मगर हाँ, मनुष्य अपने मन की रीप्रोग्रामिंग कर चिंता से बाहर आकर खुश रहने का चुनाव हमेशा कर सकते हैं।

खुशी का चुनाव करें

यह बहुत ही अच्छी बात है कि आप खुशी का चुनाव कर सकते हैं और आपके पास हमेशा यह विकल्प मौजूद रहता है। खुशी का चुनाव करने के लिए अगर आप निम्न उपायों को करके देखें तो खुशी सैदव आपके आँगन की रौनक बन सकती है।

सही मानसिक दृष्टिकोण रखना—महान् दार्शनिक इमर्सन कहते हैं कि "मनुष्य दिन भर जो कुछ सोचता है, वह उसी विचार के अनुरूप हो जाता है।" व्यक्ति के विचार ही उसकी मानसिक अवस्था को निर्मित करते हैं। इसलिए सदैव सकारात्मक मानसिक दृष्टिकोण रखना चाहिए। सकारात्मक मस्तिष्क में व्यक्ति हर विपरीत परिस्थिति और बड़ी-से-बड़ी आपदा को भी शांत और धैर्य के साथ सहन कर सकता है, जबकि विचलित मन सबकुछ ठीक न होने पर भी खुशी अनुभव नहीं करता।

सुबह उठते ही खुशी का चुनाव करें—मृत्यु जीवन का एक शाश्वत सत्य है। प्रत्येक व्यक्ति मृत्यु का वरण करने से डरता है। सुबह उठने पर हम अपने आपको जीवित पाते हैं क्या यह खुश रहने का एक सर्वोत्तम कारण नहीं है। सुबह उठते ही स्वयं से कहें, "मैं ईश्वर का कृतज्ञ हूँ कि आज की खूबसूरत सुबह के दर्शन हुए। मैं आज अपने लिए खुशी चुनता हूँ, अच्छा स्वास्थ्य चुनता हूँ, हर कार्य को अच्छी तरह करने का संकल्प करता हूँ।" ये वाक्य आप सुबह कम-से-कम पाँच बार अवश्य कहें। ऐसा करने पर धीरे-धीरे इन वाक्यों के साथ सुबह की शुरुआत करना आपका अंग बन जाएगा। कुछ समय बाद आप पाएँगे कि आपको खुश होने के लिए किसी कारण की आवश्यकता नहीं है। खुशी की कुंजी आपके पास हरदम रहती हैं और बेहतर है कि इस खुशी की कुंजी में कभी लॉक न लगाएँ।

भय, क्रोध, ईर्ष्या, बहस को पंख न दें—भय, क्रोध, बहस और ईर्ष्या ऐसे भाव हैं, जिनके पंख नहीं होते, लेकिन आप अपने मन से इन भावों के पंखों का सृजन कर देते हैं। आपके माध्यम से पंख पाकर ये भाव तेजी से आपके इर्द-गिर्द के वातावरण में उड़कर चारों ओर फैल जाते हैं। इनके पंखों को उत्पन्न न होने दें। इनके पंख खुशी के पंखों को बनने में अवरोध प्रकट करते हैं। आज से ही खुशी को चुनें और अपने मन के सहज भावों से खुशी के पंख लगाएँ, जिससे कि वह आपके इर्द-गिर्द उड़कर हर ओर खुशी फैलाए और सबको सुखी बनाए।

तेनालीराम ने महिला को खुशी का मंत्र दिया

महिला तेनालीराम के पास आकर बोली, "अरे, वह गोली तो सचमुच चमत्कारी थी। अब तो मेरी सास ने लड़ना छोड़ दिया है। अब वह बहस भी नहीं करतीं। मुझे इस बार ऐसी गोली दे दीजिए, जिससे मेरे घर कभी लड़ाई न हो और सभी इसी तरह खुश रहें, जैसे अब रहते हैं।" तेनालीराम मुसकराकर बोले, "वह दवाई तो तुम्हारे पास हर पल है।"

एक दिन तेनालीराम के पड़ोस में रहनेवाली महिला उनसे मिलने के लिए आई। उसने कहा कि उसकी सास उसे बहुत परेशान करती रहती है। बात-बात में ताने देती रहती है। सास की उल्टी-सीधी बातें सुनकर उसे भी क्रोध आ जाता है और वह भी सास से बहस करने लगती है। इस तरह बहस बढ़ती जाती है और घर में क्लेश हो जाता है। इस क्लेश के कारण उसके घर की शांति भंग हो चुकी है। किसी के चेहरे पर खुशी नहीं रहती। सास की कड़वी बातें सुनकर मन बुझा-बुझा रहता है। काम में मन नहीं लगता।" महिला की बातें सुनकर तेनालीराम बोले, "मैं तुम्हें एक चमत्कारी गोली देता हूँ। उस गोली को कुछ दिन खाने से तुम्हारे घर शांति, खुशी और प्रेम, सब वापस आ जाएँगे। मगर हाँ, उस गोली को तुम्हें तब खाना है, जब तुम्हारी सास लड़ना शुरू कर दे।" गोली के आकार को देखकर महिला बोली, "यह गोली तो बहुत बड़ी है। इसे निगलना तो मुश्किल है।" तेनालीराम मुसकराते हुए बोले, "तुम्हें इसे निगलना नहीं है, बल्कि चूसना है।" महिला हैरानी से बोली, "अरे, इतनी बड़ी गोली को मुँह में रखकर मैं सास के लड़ने पर इसे चूसती रहूँगी तो उन्हें जवाब तो दे ही नहीं पाऊँगी।" तेनालीराम बोले, "तुम्हें सास को जवाब देने में दिलचस्पी है या घर में सुख-शांति लाने में?" महिला बोली, "मेरे लिए घर का सुख सास को जवाब देने से ज्यादा महत्त्वपूर्ण है।" "तो ठीक है, इस गोली को अपनी सास के लड़ते समय मुँह में

डालकर चूसती रहना। हाँ, इस दौरान तुमने बोलने की कोशिश की तो गोली गले में अटक जाएगी। इसलिए चुपचाप रहना।"

दस दिन बाद वह महिला तेनालीराम के पास आकर बोली, "अरे, वह गोली तो सचमुच चमत्कारी थी। अब तो मेरी सास ने लड़ना छोड़ दिया है। अब वह बहस भी नहीं करतीं। मुझे इस बार ऐसी गोली दे दीजिए, जिससे मेरे घर कभी लड़ाई न हो और सभी इसी तरह खुश रहें, जैसे अब रहते हैं।" तेनालीराम मुसकराकर बोले, "वह दवाई तो तुम्हारे पास हर पल है।"

"मेरे पास कहाँ है ? वह दवाई तो आपने मुझे दी थी।" महिला बोली।

तेनालीराम बोले, "दरअसल जो गोलियाँ मैंने तुम्हें दीं, वे तो सामान्य चूरन की गोलियाँ थीं। असली काम तो तुम्हारे चुप रहने, क्रोध न करने और बहस न करने ने किया। सास के लड़ते ही तुम मुँह में गोली रख लेती थीं और कुछ नहीं बोलती थीं। सास तुम्हारी ओर से कोई प्रतिक्रिया न देखकर धीरे-धीरे खुद ही लड़ना बंद करने लगीं। आठवें दिन तो उसे तुम पर प्रेम आने लगा कि तुम कितना काम करती हो और सास की कटु बातों का जवाब भी नहीं देती हो। इसलिए तुम्हारी समझदारी से हर ओर खुशी फैल गई।"

तेनालीराम की बातें सुनकर महिला बोली, "आप उचित ही कहते हैं। बहस, क्रोध और झगड़ा खुशी के शत्रु हैं। इसलिए समझदारी से इन शत्रुओं को दूर ही रखना चाहिए।"

तेनालीराम बोले, "बिल्कुल सही।" इस प्रकार महिला तेनालीराम का धन्यवाद कर वहाँ से चली गई।

तेनाली पाठ

खुशी मन का एक ऐसा भाव है, जिसका चुनाव व्यक्ति कर सकता है। लेकिन दूसरों से बहस, क्रोध और ईर्ष्यावश वह खुश होने का चुनाव नहीं करता और दुःखी होता रहता है। कई लोग तो बेवजह की परेशानियों के कारण हमेशा दुःखी रहते हैं। वे इस बात को समझना ही नहीं चाहते कि अतीत की बीती बातों को बिसार देना ही बुद्धिमत्ता की निशानी है। खुश रहने से हर चीज अच्छी नजर आती है। स्वास्थ्य अच्छा बना रहता है और व्यक्ति अधिक-से-अधिक काम कर लेता है।

□

24

तेनालीराम की तरह प्रबंधन के मास्टर बनें

- प्रबंधन के स्वर्णिम नियम पर चलें, दूसरों का प्रबंधन उसी तरह करें, जैसा आप अपना करना चाहते हैं। *—ब्रायन ट्रेसी*
- प्रबंधन इस बात का अध्ययन है कि चीजें कैसे की जाती हैं। *—रॉबर्ट ग्रीनलीफ*

प्रबंधन क्या है ?

हर जगह पर प्रबंधन या मैनेजमेंट को महत्त्वपूर्ण समझा जाता है। मैनेजमेंट को एक कला माना जाता है। मैनेजमेंट की कला हर क्षेत्र में होती है। व्यवसाय प्रबधंन, कार्यालय प्रबंधन, मानव प्रबंधन, कार्य प्रबंधन, होटल प्रबंधन, आपदा प्रबंधन आदि। प्रबंधन का अभिप्राय है हर वस्तु, कार्य एवं स्थान का उचित तरह से प्रबंधन करना और व्यक्तियों से कार्य कराना। जिस व्यक्ति को प्रबंधन की कला आ जाती है, वह अपने जीवन में हर कठिन कार्य और मुश्किल को सहजता से निपटाना सीख जाता है। क्षेत्र विशेष के प्रबंधन में विशेषज्ञता प्राप्त करने के लिए लोग इनसे संबंधित पाठ्यक्रमों में प्रवेश लेते हैं और फिर अपने मनपसंद क्षेत्र के प्रबंधन का अध्ययन करते हैं। अध्ययन की बारीकियों को समझते हुए वे क्षेत्र के प्रबंधन को भी समझते हैं।

जॉन.एफ. मी मैनेजमेंट की परिभाषा बताते हुए लिखते हैं—"यह न्यूनतम प्रयास द्वारा अधिकतम परिणाम प्राप्त करने की कला है, जिसमें नियोक्ता तथा कर्मचारी दोनों के लिए अधिकतम समृद्धि एवं खुशहाली प्राप्त की जा सके तथा

जनता को सर्वश्रेष्ठ सेवा प्रदान की जा सके।" वहीं हैरोल्ड कुंटज मैनेजमेंट को औपचारिक दलों में संगठित व्यक्तियों के द्वारा तथा उनके साथ मिलकर कार्य को करने व करवाने की कला मानते हैं।

प्रबंधन यानी मैनेजमेंट एक चमत्कारी शब्द

मैनेजमेंट अपने आप में बहुत चमत्कारी शब्द है। यह शब्द स्वयं में मनुष्य के सुख, शांति, प्रगति और खुशी के रहस्य को समेटे हुए है।

Management शब्द को ध्यान से देखिए। कुछ नजर आया, नहीं नजर आया तो बस इस पुस्तक को पढ़ते चलिए। Management के कुछ स्पेलिंग हटाकर देखा जाए तो इसमें मानव प्रबंधन का जबरदस्त पिरामिड बना नजर आता है। यदि इसमें से टी हटा दिया जाए तो यह बन जाता है Manage Men, अर्थात् व्यक्तियों का प्रबंधन और यदि एन हटा दिया जाए तो यह बन जाएगा Manage Me, यानी कि मेरा/अपना प्रबंधन करना। यदि इसमें से इ को हटा दिया जाए तो यह बन जाता है Manage M, यानी कि हर तरह के एम का प्रबंधन करना, जिसमें Money, Marriage, Matter, Method, Manner, Magic आदि और भी ऐसे कई शब्द हैं, जो प्रबंधन के अंतर्गत आ सकते हैं। जो व्यक्ति प्रबंधन की कला में निपुण होते हैं, वे अपने जीवन में सर्वोत्तम उपलब्धि प्राप्त करते हैं। चाणक्य, तेनालीराम, बीरबल ऐसे व्यक्तित्व थे, जिन्हें कई क्षेत्रों के प्रबंधन का भली-भाँति ज्ञान था। इसलिए कठिन-से-कठिन समस्या के समय भी उनके चेहरे पर एक सौम्य मुसकान रहती थी। इनसे संबंधित साहित्य प्रचुर मात्रा में उपलब्ध है। उस साहित्य को पढ़ने से ही हमें यह ज्ञात हो जाता है कि उस युग में भी ये विद्वज्जन प्रबंधन के विशेषज्ञ थे। अगर हम आज भी उनकी कही गई बातों और कार्य पर मनन करें तो बहुत कुछ सीख सकते हैं।

मैनेजमेंट कहता है कि हर व्यक्ति हीरा है

Management मनुष्य को एक अनमोल हीरा मानता है। यह बात उसके नाम में भी नजर आती है। यदि आखिरी के ई एन टी हटा दिए जाएँ तो बनता है

Man A Gem। वास्तव में मानव जीवन बेहद अनमोल एवं कीमती है। इसलिए इस जीवन का सम्मान करना चाहिए। समस्याएँ एवं असफलताएँ कभी भी स्थायी नहीं होतीं। जो व्यक्ति Management को जानते एवं समझते हैं, वे उतनी ही कुशलता से हर समस्या का समाधान कर देते हैं। यदि समस्याएँ एवं असफलताएँ बड़ी होती हैं और आसानी से जीवन से नहीं हटतीं तब भी प्रबंधन व्यक्ति को उनका सामना करना सिखा देता है। Management यह सिखाता है कि किसी भी कार्य, व्यक्ति, कार्यालय का श्रेष्ठ प्रबंधन करने के लिए यह जरूरी है कि व्यक्ति चुनौतियों का सामना करना सीखे और असफल होने पर भी डिप्रेशन का शिकार न हो।

हर कोई व्यक्ति समय, अभ्यास, शिक्षा और अनुभव से Management के सभी M की सूक्ष्मताओं को पकड़ सकता है और अपने जीवन को सफल एवं खुशहाल बना सकता है।

तेनालीराम हर कार्य के प्रबंधन में प्रवीण थे

भीषण गरमी के कारण महाराज कृष्णदेव राय बड़े परेशान थे। एक दिन वे सुबह-सुबह राजपुरोहित के साथ बाग में घूम रहे थे। गरमी के मौसम में भी सुबह-सुबह बाग की हवा बेहद शीतल और सुगंधित लग रही थी। यह देखकर महाराज कृष्णदेव राय बोले, "कितना अच्छा होता, जो बाग की हवा दरबार में भी मिल जाती।" महाराज की बात सुनकर राजपुरोहित बोले, "महाराज, तेनालीराम हर तरह के प्रबंधन में बड़े कुशल हैं। आप उन्हें यह कार्य दीजिए। वह अवश्य ही दरबार में बाग जैसी हवा का कोई-न-कोई प्रबंध अवश्य कर देंगे।" महाराज को राजपुरोहित की बात जँच गई। उन्होंने तेनालीराम से कहा, "जल्दी-से-जल्दी हमारे दरबार में बाग जैसी भीनी-भीनी और शीतल हवा का प्रबंध करो।"

महाराज की यह बात सभी दरबारियों तक जा पहुँची। दरबारी खुशी से उछल पड़े। एक दरबारी बोला, "अब आया ऊँट पहाड़ के नीचे। तेनालीराम यह काम कदापि नहीं कर सकता। इस बार तो उसे हार का सामना करना पड़ेगा।" दूसरा दरबारी बोला, "बिल्कुल सही कहते हो, क्योंकि बाग कोई वाहन तो है नहीं, जिसे एक स्थान से दूसरे स्थान पर, और वह भी राजदरबार में खिसका दिया जाए।" अगले दिन महाराज राजदरबार में पहुँचे, लेकिन उन्होंने बाग जैसी हवा वहाँ नहीं पाई। वे बोले, "लगता है, यह काम वाकई मुश्किल था, तभी तो तेनालीराम जैसा चतुर प्रबंधक भी इसे नहीं कर पाया।" महाराज के इतना बोलते ही तेनालीराम दरबार में उपस्थित होते हुए बोले, "महाराज, आप कोई काम कहें और वह पूरा न हो, भला

यह कैसे हो सकता है ? कोई भी काम मुश्किल नहीं होता। चतुराई और सूझबूझ से सब काम पूरा हो जाता है।" इसके बाद तेनालीराम ने बाहर खड़े पाँच व्यक्तियों को बुलाया और उन्हें महाराज के इर्द-गिर्द खड़ा कर दिया। उन पाँचों के हाथों में खस-खस, गुलाब और अन्य फूलों से बने पंखे थे। वे पंखे जल व सुगंधि से भीगे हुए थे। जैसे ही पाँचों लोगों ने उन पंखों को हिलाना शुरू किया तो उनकी सुगंध चारों ओर फैल गई। कुछ ही देर में महाराज को राजदरबार में वास्तव में बाग जैसा आनंद आने लगा। वे तेनालीराम से बोले, "वाकई तेनाली, तुम्हारा जवाब नहीं। तुम्हें हर कार्य को करने का प्रबंधन आता है। हम बेहद भाग्यशाली हैं, जो हमारे पास तुम जैसा नायाब प्रबंधक है।"

तेनाली पाठ

चतुर प्रबंधन करने के लिए अपने आँख, नाक, कान खुले रखने चाहिए। इसके लिए व्यक्ति को सदा सकारात्मक रहना चाहिए। सकारात्मक मन में अच्छे विचार आते हैं और व्यक्ति हर कार्य को दबाव में भी सहजता से कर लेता है। प्रबंधन एक कला है। यह कला सब को आ सकती है, बशर्ते लोग इस कला को सीखने के इच्छुक हों। श्रेष्ठ प्रबंधन अभ्यास, प्रशिक्षण एवं अनुभव, तीनों का मिश्रण होता है।

□

25

तेनालीराम की तरह अंत तक सक्रिय रहें

बूढ़ा कौन होता है ?

- जो सीखना छोड़ देता है, वह बूढ़ा है, चाहे वह बीस का हो या अस्सी का। जो सीखते रहते हैं, वे जवान रहते हैं। जिंदगी की सबसे बड़ी चीज है, अपने दिमाग को जवान रखना। *—हेनरी फोर्ड*
- हम तब तक किसी इनसान के साल नहीं गिनते हैं, जब तक कि उसके पास गिनने को और कुछ न बचा हो। *—राल्फ वाल्डो इमर्सन*

दो घरों में एक ही दिन एक जैसी, एक ही कंपनी की वाशिंग मशीन लाई गईं। पाँच साल बाद पहले घर पर वाशिंग मशीन बिल्कुल वैसी अवस्था में थी, जिस अवस्था में वह लाई गई थी, जबकि दूसरे घर की वाशिंग मशीन बिल्कुल बदरंग और खराब हो चुकी थी। दूसरे घर के लोगों ने उस वाशिंग मशीन को कबाड़ी को बेच दिया।

आप ही बताइए कि इन दोनों मशीनों में कौन सी मशीन अधिक बूढ़ी थी। आप सबका एक ही जवाब होगा, दूसरे घर वाली। क्यों ? जबकि दोनों ही मशीनों को एक ही दिन, एक ही दुकान से और एक ही कीमत पर खरीदा गया, फिर पहले वाली मशीन दूसरी मशीन के बजाय आज भी काम कर रही है और दिखने में भी नई जैसी लगती है। ऐसा क्यों ? ऐसा इसलिए क्योंकि पहले घर की मशीन की अच्छी देखभाल की गई और उसे चतुराई के साथ प्रयोग किया जाता रहा। दूसरे घर में दूसरी मशीन को लापरवाही के साथ प्रयोग किया गया, उसकी देखभाल नहीं की गई, इसलिए वह समय से पहले खराब हो गई। ऐसा ही व्यक्तियों के साथ भी होता है। समान उम्र के दो व्यक्तियों में एक युवा लगता है और दूसरा बूढ़ा, क्योंकि युवा लगनेवाला

व्यक्ति उत्साह, जोश और स्फूर्ति से भरा होता है। वह आयु को अपनी अंगुलियों पर नहीं गिनता, बल्कि हर दिन कुछ नया करने को तैयार रहता है। उसके मस्तिष्क में नए विचार उसे बहुत कुछ करने को प्रेरित करते हैं। वहीं बूढ़ा लगनेवाला व्यक्ति 50 के बाद स्वयं को बूढ़ा महसूस करना आरंभ कर देता है, क्योंकि बचपन से ही उसने यह सुना है कि 50 साल के बाद व्यक्ति बूढ़ा हो जाता है। बचपन में सुनी गई यह बात उसके अवचेतन मन में इस कदर घर कर चुकी है कि वह यह सोच ही नहीं पाता कि व्यक्ति बूढ़ा उम्र से नहीं बल्कि मन से होता है। उसके मन में बचपन से ही यह प्रोग्रामिंग हो चुकी है कि एक निश्चित उम्र के बाद व्यक्ति बूढ़ा हो जाता है। उसने अपने आस-पास के बूढ़े लोगों में भी यही बात देखी है कि वे घर के एक कोने में पड़े रहकर केवल अपनी मृत्यु का इंतजार करते रहते हैं।

अगर इसी प्रोग्रामिंग को उलट दिया जाए तो स्थिति कुछ और ही हो। इस प्रोग्रामिंग को उल्टा करने के लिए व्यक्ति को अपने मन में इस बात को बार-बार बोलना होगा कि व्यक्ति बूढ़ा आयु से नहीं बल्कि काम न करने से होता है। जिन व्यक्तियों के जीवन में नेक उद्देश्य होता है, वे तब तक नहीं रुकते, जब तक मृत्यु उन्हें अपने आगोश में नहीं ले लेती। मिसाइल मैन एवं भारत के पूर्व राष्ट्रपति स्वर्गीय डॉ. ए.पी.जे. अब्दुल कलाम इस बात के सशक्त उदाहरण हैं। वे अपने जीवन के अंतिम दिनों तक कार्यशील रहे।

आप बूढ़े क्यों हो जाते हैं ?

समय के प्रभाव के न्यूरोटिक डर से ही व्यक्ति असमय बूढ़े हो जाते हैं। मॉण्ट्रियल यूनिवर्सिटी के डॉ. हैन्स सेल्ये ने जीवनशक्ति को एक वैज्ञानिक तथ्य के रूप में स्थापित किया था। उन्होंने अपने अध्ययन में यह पाया कि मानव शरीर में कई रक्षा मेकेनिज्म होते हैं, जो तनाव और परेशानियों में व्यक्ति की रक्षा करते हैं। लेकिन यह एक सीमित समय तक ही होता है। वे व्यक्ति, जो जरा-जरा सी बात पर तनाव ले लेते हैं, बेवजह ही अपनी परेशानी को बढ़ाकर उसको गाते रहते हैं और हर दिन नकारात्मक भावों से भरे रहते हैं, उनके अंदर के रक्षा मेकेनिज्म क्षीण होते जाते हैं और ऐसे तत्त्व शरीर में उत्पन्न होने लगते हैं, जो व्यक्ति को बूढ़ा व बीमार बनाते हैं।

हर व्यक्ति के जीवन में ऐसे मोड़ आते हैं, जो उन्हें बुरी तरह से तोड़ने में सक्षम होते हैं, जैसे किसी प्रियजन की मृत्यु, नौकरी छूट जाना, विवाह टूट जाना आदि। ये जीवन के ऐसे मोड़ होते हैं, जो व्यक्ति को युवा अथवा बुढ़ापे की ओर ले जाने में

महत्त्वपूर्ण भूमिका निभाते हैं। वे व्यक्ति, जो इन आघातों से टूट जाते हैं, स्वयं को खत्म कर लेते हैं, उनके जीवन में जिंदगी के प्रति कोई मोह शेष नहीं रहता। उन्हें लगता है कि अब सबकुछ खत्म हो गया, तमस के सिवा कुछ और नहीं बचा। ऐसे व्यक्ति जल्दी ही बूढ़े दिखने लगते हैं और कई तो मृत्यु को भी प्राप्त हो जाते हैं। इसके विपरीत वे व्यक्ति, जो इन आघातों से घायल तो अवश्य होते हैं, लेकिन कुछ समय बाद एक नई किरण और विश्वास के साथ एक नए लक्ष्य का सृजन कर लेते हैं, वे युवा हो उठते हैं। उनके अंदर कुछ करने और पाने की लगन उनकी सक्रियता को बढ़ाती रहती है। डॉ. अरनॉल्ड ए. हट्श्नैकर कहते हैं कि हम वर्षों की वजह से नहीं, घटनाओं और उन पर हमारी भावनात्मक प्रतिक्रियाओं की वजह से बूढ़े होते हैं। इसी तरह कुछ लोग नौकरी से रिटायर होने के बाद तेजी से बूढ़े होने लगते हैं, जबकि रिटायरमेंट से पहले उनकी स्फूर्ति, शक्ति एवं उत्साह की मिसाल दी जाती थी। ऐसा इसलिए होता है, क्योंकि रिटायर होने के बाद कई व्यक्तियों को अंतर्मन से यह लगने लगता है कि वे अब किसी काम के नहीं रहे। जबकि रिटायर होने का अर्थ केवल एक सेवा से रिटायर होना है, जीवन से नहीं। इसलिए अपने मस्तिष्क में बननेवाली ऐसी प्रोग्रामिंग को परिवर्तित करें और स्वयं से कहें कि कोई भी परिस्थिति उन्हें बूढ़ा नहीं बना सकती, क्योंकि उन्होंने जीवन के अंत तक सक्रिय रहकर जीने का संकल्प किया है। ऐसे व्यक्तियों पर बुढ़ापे के चिह्न अवश्य लक्षित होते हैं, लेकिन उनका मन सदा युवा बना रहता है।

क्या आप बूढ़े नहीं होना चाहते?

कोई भी व्यक्ति बूढ़ा नहीं होना चाहता, क्योंकि बुढ़ापा और वृद्धावस्था का अर्थ ही है शरीर का शिथिल पड़ जाना। जो व्यक्ति बूढ़े होने की कल्पना करने लगता

है, वह तन और मन से पहले ही बूढ़ा हो चुका होता है। इसलिए कुछ समय बाद वह वास्तव में वृद्ध नजर आने लगता है। यह एक वास्तविक सत्य है कि जीवन नश्वर है। जीवन की चार अवस्थाएँ होती हैं। समय और आयु इन दोनों को दुनिया में कोई भी बढ़ने से नहीं रोक सकता, मगर व्यक्ति अपनी दृढ़ इच्छा और निश्चय से मन से कभी बूढ़ा नहीं हो सकता। यदि आप बूढ़े नहीं होना चाहते तो आज से ही अपने अंदर से निम्न बातों को कभी खत्म न होने दें—

प्रेम—पृथ्वी पर गुरुत्वाकर्षण शक्ति से सभी परिचित हैं। भास्कराचार्य ने इस बात को अपने ज्ञान से बहुत पहले अपनी पुत्री लीलावती को बता दिया था कि पृथ्वी में आकर्षण शक्ति होती है। उन्होंने कहा था—

आकृष्टिशक्तिश्च मही तया यत् खस्थं
गुरुस्वाभिमुखं स्वशक्तत्या!!

—सिद्धांतशिरोमणि गोलाध्याय-भुवनकोश

अर्थात् पृथ्वी में आकर्षण शक्ति है। पृथ्वी अपनी आकर्षण शक्ति से भारी पदार्थों को अपनी ओर खींचती है और आकर्षण के कारण वह जमीन पर गिरते हैं। पर यह शक्ति वास्तव में दिखाई नहीं पड़ती। इसी तरह प्रेम में भी असीम शक्ति होती है, जो दिखाई नहीं देती, लेकिन मन की गहराइयों से अनुभव होती है। दार्शनिक पियरे टीलहार्ड डे चार्डिन कहते हैं कि "प्रेम दुनिया की सबसे शक्तिशाली और सबसे अनजानी ऊर्जा है।" यह ऊर्जा व्यक्ति को मृत्यु तक युवा बनाए रखती है। जब हृदय से प्रेम समाप्त हो जाता है तो व्यक्ति के अंदर से ऊर्जा का ह्रास हो जाता है, जिसके कारण वह वृद्ध दिखने लगता है। इसलिए सदैव प्रेम की शक्ति को जाग्रत् रखें।

सृजनात्मकता—सृजनात्मक व्यक्ति कभी बूढ़ा नहीं होता, क्योंकि उसके मन में दिन-प्रति-दिन नई अवधारणाओं का जन्म होता रहता है, जो उसकी सोच की गतिशीलता को विस्तार देती हैं। सृजनात्मकता को रचनात्मकता भी कहते हैं। यह किसी वस्तु, विचार, कला, साहित्य से संबद्ध किसी समस्या का समाधान निकालने आदि के क्षेत्र में कुछ नया रचने, आविष्कृत करने या पुनर्सृजित करने की प्रक्रिया है। यह मानसिक प्रक्रिया परिवर्तन को जन्म देती है। सृजनकार लंबा जीवन भी जीते हैं, क्योंकि वे दिन-रात कला को विस्तृत करते रहते हैं, उनके लिए ऐसा पड़ाव कभी आता ही नहीं है, जब उन्हें महसूस हो कि करने के लिए कुछ नहीं बचा है। जब व्यक्ति को यह अनुभव होने लगे कि अब जीवन में कुछ करने को शेष नहीं

बचा, तब वह बूढ़ा हो जाता है। यह अनुभव यदि व्यक्ति को युवावस्था में होने लगे तो कुछ समय बाद ही उसकी शारीरिक बनावट वृद्ध जैसी होने लगती है। इसलिए सदैव सृजन करते रहें। प्रकृति में सृजनात्मकता का भंडार है, बस उसे आकार देने की आवश्यकता है।

लक्ष्य—लक्ष्य जीवन का वह पड़ाव होता है, जहाँ पहुँचकर व्यक्ति विश्राम करने की आवश्यकता महसूस करने लगता है। इसलिए अधिकतर लोग शिक्षा प्राप्त करने के बाद रोजगार लगने को ही अपना लक्ष्य मानकर जीवन जीने लगते हैं। धीरे-धीरे इसमें एकरसता उत्पन्न हो जाती है और जीवन से विमुखता उत्पन्न होने लगती है। इस विमुखता से बचने का केवल एक ही उपाय है कि एक लक्ष्य की प्राप्ति के बाद तुरंत नए लक्ष्य बनाकर उसकी पूर्ति के लिए लग जाना। ऐसा किसी भी ग्रंथ में नहीं लिखा है कि व्यक्ति को एक लक्ष्य के बाद अनेक लक्ष्य नहीं बनाने चाहिए। देश व समाज हित में अपने लक्ष्य बनाते रहें, आप कभी बूढ़े नहीं होंगे। इतना ही नहीं, आपके अंदर बूढ़े होने का खयाल भी कभी नहीं आएगा। यदि यकीन नहीं होता तो आज ही इस पर कार्य करना आरंभ कर दीजिए।

तेनालीराम ने सक्रियता और चतुराई से बुढ़ापे को हावी नहीं होने दिया

विजयनगर और आसपास के इलाके में तेनालीराम की तूती बोलती थी। धीरे-धीरे उनकी यह प्रसिद्धि दिल्ली के मुगल बादशाह बाबर तक भी जा पहुँची। बाबर ने महाराज कृष्णदेव राय को पत्र लिखकर एक माह के लिए तेनालीराम को अपने यहाँ भेजने के लिए कहा। वह उनकी बुद्धि को परखना चाहता था। जब यह बात दरबारियों को पता लगी तो वे बोले, "अब तो तेनालीराम बूढ़े हो रहे हैं, मुझे नहीं लगता कि वे मुगल बादशाह पर अपनी बुद्धिमानी की छाप छोड़ पाएँगे।" तेनालीराम ने महाराज को आश्वासन देते हुए कहा कि वे दरबारियों की बात पर कतई यकीन न करें, क्योंकि उन्होंने कभी इस बात को अनुभव ही नहीं किया कि वे बूढ़े हो रहे हैं। उधर मुगल बादशाह ने अपने सभी

मुगल बादशाह बोले, "आप यह क्या कर रहे हैं?" बुजुर्ग काँपती आवाज में बोले, "मैं आपका पौधा लगा रहा हूँ। बड़े हो जाने पर इसमें खूब फल लगेंगे।" यह सुनकर मुगल बादशाह बोले, "अरे, पर आप इस पर फल लगने तक कहाँ जीवित रहनेवाले हैं?" बुजुर्ग मुसकराकर बोले, "अगर सभी ऐसा सोचते तो आज किसी भी पेड़ पर फल न पाते। हमारे पूर्वज हमारे लिए फल लगाकर गए और मैं आनेवाली पीढ़ी के लिए फल लगा रहा हूँ।"

दरबारियों को यह सख्त हिदायत दे दी कि वे न ही उसकी अटपटी बातों पर हँसें और न उसे शाबाशी दें। जब कई दिनों तक कोई भी दरबारी उनकी चटपटी बातों पर न ही हँसा और न ही उनकी बुद्धिमत्ता की बातों पर कोई दाद दी तो तेनालीराम समझ गए कि मुगल बादशाह उनकी कड़ी परीक्षा ले रहा है। मुगल बादशाह बोला, "तेनालीराम, अभी तक तो तुम हमारे किसी भी दरबारी को न ही हँसा पाए और न ही उन्हें अपनी बुद्धिमत्ता से प्रभावित कर पाए, ऐसे में तुम भला हमें कैसे प्रभावित कर पाओगे, यदि तुम हमसे तारीफ पा लो तो जानें। कुछ दिन और बीत गए। महीना पूरा होनेवाला था। एक दिन मुगल बादशाह अपने सेवक के साथ सैर पर जा रहे थे। कुछ दूरी पर उन्हें एक मुसलिम बुजुर्ग दिखाई दिया। उसकी पीठ झुकी हुई थी। वह गड्ढे में बीज डालने की कोशिश कर रहा था। मुगल बादशाह बोले, "आप यह क्या कर रहे हैं?" बुजुर्ग काँपती आवाज में बोले, "मैं आपका पौधा लगा रहा हूँ। बड़े हो जाने पर इसमें खूब फल लगेंगे।" यह सुनकर मुगल बादशाह बोले, "अरे, पर आप इस पर फल लगने तक कहाँ जीवित रहनेवाले हैं?" बुजुर्ग मुसकराकर बोले, "अगर सभी ऐसा सोचते तो आज किसी भी पेड़ पर फल न पाते। हमारे पूर्वज हमारे लिए फल लगाकर गए और मैं आनेवाली पीढ़ी के लिए फल लगा रहा हूँ।" यह सुनकर बादशाह बुजुर्ग से बोले, "बहुत खूब! तुम बहुत समझदार हो। हमें बेहद खुशी है कि आपके जैसे बुजुर्ग हमारे राज्य की शान हैं।" उन्होंने बुजुर्ग को स्वर्ण मुद्राओं से भरी पोटली दे दी। इस पर बुजुर्ग बोले, "बादशाह, अल्लाह बड़ा कारसाज है। मुझे तो फल उगने से पहले ही फल मिल गए।" यह सुनकर बादशाह बोले, "तुम सचमुच बहुत समझदार हो।" मुगल बादशाह की बात सुनकर बुजुर्ग ने अपनी दाढ़ी निकाली और सीधे खड़े हो गए। बुजुर्ग के रूप में तेनालीराम को सामने देखकर मुगल बादशाह दंग रह गए। वे बोले, "वाकई तेनाली तुम्हारा जवाब नहीं। तुमने केवल एक बार नहीं बल्कि दो बार हमारी प्रशंसा प्राप्त की, साथ-साथ ईनाम भी प्राप्त किया। महाराज कृष्णदेव राय बेहद भाग्यशाली हैं, जो उनके दरबार में तुम जैसे व्यक्ति हैं, जो बुढ़ापे को अपनी चतुराई से मात देना जानते हैं।"

तेनाली पाठ

व्यक्ति वृद्धावस्था की ओर वृद्ध होने से पहले भी बढ़ सकता है। जो व्यक्ति जीवन में सक्रिय रहकर कार्य करना छोड़ देते हैं, कोई लक्ष्य निर्धारित नहीं करते, वे समय से पहले बूढ़े नजर आने लगते हैं। सृजनात्मकता, लक्ष्य एवं प्रेम जैसे

तत्त्व व्यक्ति को सदाबहार बनाकर रखते हैं। व्यक्ति अंत तक सक्रिय रहे तो अपनी कुशलता, कार्यक्षमता एवं योग्यता से वह ऐसी मिसाल कायम कर देता है, जिसे सदियों तक याद किया जाता है। तेनालीराम को उनकी सक्रियता, बुद्धिमत्ता एवं योग्यता के कारण युगों-युगों तक स्मरण किया जाता रहेगा।

अंत नहीं

आकाश अनंत है, उसका कोई ओर छोर नहीं है। नभ में उड़ान भरना महत्त्वपूर्ण है। यदि व्यक्ति अपने प्रयासों से सितारों को छू लेता है, अंबर की परिसीमा में कुलाँचें भर लेता है तो वह आम लोगों के लिए महत्त्वपूर्ण बन जाता है, क्योंकि पृथ्वी पर रहनेवाले सभी व्यक्ति ऐसे कृत्य नहीं कर पाते। सितारों को पाने के लिए असीम संघर्ष करना पड़ता है, अनेक तूफानों का सामना करके उन्हें मोड़ना पड़ता है और स्वयं को दुःख-दर्द की आग में तपाकर कुंदन बनना पड़ता है। कुंदन अति मूल्यवान होता है और लोगों को आकर्षित भी करता है। कुंदन हो अथवा व्यक्ति, वह अनमोल तभी बनता है, जब वह अनेक पड़ावों, संघर्षों और ठोकरों का सफलतापूर्वक सामना कर लेता है।

तेनालीराम की यह पुस्तक आपको मार्ग दिखाती है कि किस प्रकार व्यक्ति अपनी बुद्धिमत्ता, शिक्षा और चतुराई से हर कार्य को अपने पक्ष में मोड़ सकता है। मार्ग में आनेवाले कई पड़ाव ऐसे होते हैं, जो व्यक्ति को सीधा गर्त में डाल सकते हैं और उसे मृत्यु के मुँह में भी पहुँचा सकते हैं। इसलिए हर कदम पर बेहद सतर्कता के साथ आगे बढ़ना चाहिए। किसी भी पुस्तक का अंत कभी नहीं होता? जहाँ पुस्तक का अंत होता है, वहाँ से व्यक्ति अपनी नई मंजिल की ओर बढ़ता है। इस प्रकार मंजिल के मार्ग में वह अनेक बातों को सीखता और समझता हुआ आगे बढ़ता है।

पुस्तकें हमसफर होती हैं, जो जीवन भर व्यक्ति का मार्ग प्रशस्त करती हैं। यदि इस पुस्तक को पढ़ने के बाद आपको आगे का मार्ग मिल जाए तो फिर इस

पुस्तक को अपने किसी अन्य मित्र अथवा ऐसे व्यक्ति को दे दीजिएगा, जो उन्नत मार्ग की ओर बढ़ने के लिए उत्सुक हो। इस पुस्तक का अंत नहीं हुआ है, न कभी हो सकता है। यह पुस्तक दीपक बनकर सदैव अनगिनत लोगों के मार्ग को रोशनी से भरती रहेगी और अनंत काल तक उन्हें दिशा दिखाएगी।